Annette Kanis

Glücksorte in Düsseldorf

Fahr hin und werd glücklich

Droste Verlag

Dank an Anna und Peter

Vorwort

Es war ein Glück für mich, dieses Buch zu schreiben. Orte aufzusuchen, die ein Lächeln auf die Lippen zaubern, den großstadtgestressten Geist beruhigen, den Blick neugierig machen. Einzutauchen in andere Welten. Und aufzutauchen aus den Bildern, die man schon hat von Düsseldorf.

Als ich nach der Journalistenschule in Berlin gen Westen ziehen wollte, stieß dieses Vorhaben bei Berliner Freunden und Bekannten auf mitleidige Skepsis. Meine Reaktion wurde die reflexartig vorgetragene Rechtfertigung „Düsseldorf ist ja nicht nur die Kö". In nun 20 Jahren, die ich hier lebe, hat sich die trotzige Aussage mehr als bewahrheitet. Besondere Orte der bis heute mit dem Schickimicki-Vorurteil lebenden Stadt sammeln sich in diesem Buch. Natürlich ist die Kö dabei, aber noch 79 andere Orte mehr.

Glück hat viel mit Aufmerksamkeit zu tun. Mit offenen Augen durch die Welt, durch die eigene Stadt gehen. Orte (neu) entdecken, die man entweder noch nie oder auch schon tausend Mal gesehen hat. Orte mit dem Charme der Vergangenheit, Orte mit dem Glanz des Neuen. Ich war auf dem Millionenhügel und in einer kirchenfernen Krypta, habe Bonsais bestaunt und Großstadtoasen entdeckt, Kulinarisches ausprobiert und verschiedenste Rheinromantik gefunden.

Glück bei der Arbeit war für mich unerwarteter Sonnenschein für die Fotoaufnahmen und vor allem nette, offene Menschen. Menschen, die Glücksorte lebendig machen. Wie der türkische Bäcker, der sich im Ramadan-Verkaufsstress Zeit nahm für ein Gespräch, wie der Büdchen-Verkäufer, der mir äußerst unterhaltsam aus seinem Leben und dem des Kiosks erzählte, wie der Friedhofsleiter, der mir spontan die schönsten Seiten dieses etwas ungewöhnlichen Glücksortes zeigte.

Nicht selten ließ sich beim Besuch die Zeit vergessen. Ich hoffe, so geht es Ihnen auch. Wenn Sie Glücksmomente sammeln an Orten, die jeden auf seine eigene Weise glücklich machen.

Glück – das sind Momente des Staunens, der Ruhe, des Neuen, die sich beim Erkunden der Stadt zusammenfügen. Die Glücksorte verschmelzen zu einem Bild von Düsseldorf mit seinen schönsten Seiten. Probieren Sie es aus!

Ihre Annette Kanis

Inhaltsverzeichnis

Inhaltsverzeichnis

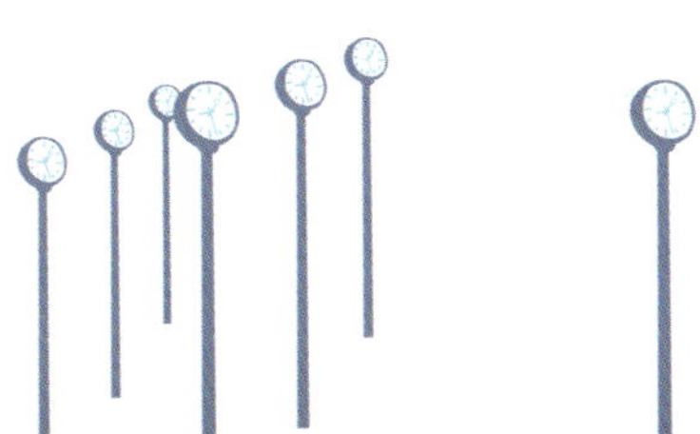

Die Künstler-Konditorei

1 *Pure Freude für Genuss und Gemütlichkeit*

An diesem Schaufenster kann man sich die Nase platt drücken. In Augenhöhe, in einer schlichten Glasvitrine, reihen sich feinste Törtchen zu einem verlockenden Ensemble. Man kann an dem schmalen Ladenlokal nicht vorübergehen, außer man ist Diabetiker oder auf Diät. An der Decke knallbunte Neonröhren, eine klare, schlicht-moderne Inneneinrichtung. Verantwortlich dafür ist Olga Knoebel, Tochter des Minimal-Art-Künstlers Imi Knoebel und von Carmen Knoebel. Sie war in den 70ern Inhaberin des Ratinger Hofs, später Inhaberin des Plattenlabels „Pure Freude". Diesen Namen übernahm Tochter Olga, als sie 2010 ihren süßen Traum wahr machte und die Patisserie mit angeschlossener Manufaktur eröffnete. Zuvor hatte sie ihren Job als Unternehmensberaterin geschmissen und war für eine Patissier-Ausbildung nach Paris gegangen.

Bestseller sind „Alliance Exotique" mit Passionsfruchtmus und Pistazien-Krokant-Boden, „Charlotte aux Fruits Rouges", hier krönt ein Beerenmix den mit Puderzucker umrundeten Löffelbiskuit mit bayerischer Vanillecreme, und „Le Croquant Chocolat", eine Verlockung mit fünf verschiedenen Schokosorten. Natürlich gibt es auch Klassiker wie die „Tarte au Citron". Geht man die Ladentheke entlang, findet sich alles, was das Patisserie-begeisterte Herz begehrt – knusprige Croissants, bunte Macarons, selbst gemachtes Eis und ungewohnt modern aussehende Pralinen. Quadratisch, glatt, jede mit einer anderen Farbe auf der Oberfläche. Blau schmeckt nach Lavendel, gelb nach Zitrone, grün nach Eisenkraut. Intensiv und lecker.

TIPP

Die Miniatur-Delikatessen gibt es auch als Torte – auf Bestellung für die Feiern des Lebens.

Doch im Laden darf man eigentlich nicht bleiben. Lieber etwas aussuchen und weiterziehen in das versteckt gelegene Café im Hinterhof. Vorbei an der „Glacerie", wo das Eis selber gemacht wird, die Pralinen mit Schokolade überzogen werden, die Köstlichkeiten in Kühlschränken ruhen. Dann tut sich eine kleine Großstadtoase auf. Rosen ranken an der Mauer entlang, Altstadttrubel, Bürostress, Alltäglichkeiten sind sofort vergessen in diesem lauschigen Innenhof. Die pure Freude.

Patisserie Pure Freude, Hohe Straße 19, 40213 Düsseldorf, Tel. (02 11) 86 32 01 49
www.purefreude.de

ÖPNV: U70, U71, U72, U73, U74, U75, U76, U77, U78, U79, U83
Haltestelle Heinrich-Heine-Allee

Kleine Bäume ganz groß

2 *Zu Besuch im Bonsai-Museum*

Wenn man nicht weiß, was alles dahintersteckt an Gedanken, Tradition und Philosophie, mag man es etwas eigenartig finden, Arbeit und Mühe zu investieren, damit Bäume so wenig wachsen. Während eines Besuchs im Bonsai-Museum lichtet sich das Unwissen zur Sympathie gegenüber den Miniatur-Bäumen und ihren akribisch vorgehenden Gestaltern. Umgeben von Feldern im Stadtteil Hamm liegt das Reich von Werner M. Busch, Experte der japanischen Pflanzenkunst.

Eine Kiefer reckt ihre Äste in die Breite, die Eiche fällt durch ihren knorrigen Stamm auf, der Japanische Fächerahorn zeigt seine Blätterfülle – dies alles auf überschaubarem Raum, ist doch keiner der Bonsais größer als einen Meter. Mehr als hundert Exponate zeigt das Freiluftmuseum und erklärt gleichzeitig gedanklichen Überbau und praktische Pflege der Bonsais. „Bonsai" bedeutet zunächst Pflanzung in einer Schale. Die japanische Gartenkunst hält durch spezielle Schnitttechnik und Pflege Bäume in ihrer Mini-Version – feine Verzweigungen im Wachstum der Äste und Blätter werden dabei angestrebt.

Vor einem großen Baum steht man mit anderer Art von Respekt, kann ihn im Ganzen nur schwer erfassen. Der Bonsai-Baum ist mehr auf Augenhöhe. Die natürlichen Veränderungen, der Lauf der Jahreszeiten werden unmittelbar sichtbar. Dass eine besondere Beziehung zu einem Baum möglich ist, zeigt das detailverliebte, schon fast meditative Bearbeiten der kleinen Baumkunstwerke in den Seminaren des Museums. Vertrauen, dass aus einem winzigen Ast wieder ein Trieb kommt, Geduld, dass der Baum sich über die Jahrzehnte entwickelt, die Bonsai-Besitzer wachsen mit ihrem Baum. Auch dass dieser älter werden wird als man selbst, spielt eine Rolle. Ein Wegbegleiter, der in die Zukunft weist. In der japanischen Tradition gibt es Familien-Bonsais, die oft, viele Generationen alt, weitervererbt werden. Bei besonderen Festen werden sie ins Haus geholt. Die Vorstellung, dass dann die Seele der Ahnen, die im Baum zu finden sein soll, gegenwärtig ist, wirkt tröstlich.

Bonsai Museum, Hammer Dorfstraße 167, 40221 Düsseldorf, www.bonsai-museum.de
ÖPNV: Straßenbahn 707, 709, S-Bahn S8, S11, S28 Haltestelle D- Hamm

Verbindendes Goldstück

3 *Die Goldene Brücke veredelt den Hofgarten*

Düsseldorf hat imposantere Brücken als diese, allein über den Rhein führen sieben. Doch keine ist so goldig, so golden wie die gleichnamige kleine Brücke im Hofgarten. Die älteste Brücke der Parkanlage verbindet zwei Bereiche der innerstädtischen grünen Lunge, die durch den Weiher voneinander getrennt sind. Ihre Länge erstreckt sich über rund fünfzehn Meter. Das ist nicht allzu viel. Man ist schnell hinübergegangen. Doch sollte man durchaus mal anhalten oder wenigstens in den Schlendermodus verfallen. Sich ans Geländer lehnen und schauen. Denn auch wenn man auf der Brücke eher das Darunter und Daneben im Blick hat – Enten, Schwäne, umliegende Architektur –, ist gerade in diesem Fall die Überquerungshilfe selbst etwas Bewunderung wert. Goldbronze verziert das schnörkelige Geländer.
Anfang des 19. Jahrhunderts, zu einer Zeit als der Hofgarten zu einem bürgerlich-klassizistischen Park umgestaltet wurde, wurde hier eine erste Brücke gebaut. Damals noch in anderer, geschwungener Form und ohne goldene Verzierung. Mitte des 19. Jahrhunderts wurde sie dann in ihrer unterdessen denkmalgeschützten Form errichtet nach einem Entwurf von Anton Schnitzler. Sie bekam ihr typisches Goldbronze-Geländer und hieß fortan Goldene Brücke. Sie ist die älteste Fußgängerbrücke der Stadt.
Mehr als 150 Jahre später gönnte man ihr eine Schönheitskur. In aufwendiger Prozedur wurde das Gold wieder zum Glänzen gebracht, und im Juni 2016 konnte die Brücke in neuer Schönheit erstrahlen. Die gesamte Brücke war saniert worden. So wurde auch das Mauerwerk der Stützpfeiler, es war durch Baumwurzeln beschädigt, erneuert, ebenso der schadhafte hölzerne Bodenbelag.
Nun kann man wieder problemlos die Verbindung durch den Hofgarten nutzen. Bei Radfahrern und Fußgängern ist die Strecke durchaus beliebt, die Brücke liegt strategisch gut, um den Hofgarten zu durchqueren. Und war sie zu ihren Anfangszeiten im 19. Jahrhundert beliebtes Motiv für Zeichnungen und Stahlstiche, so ist sie heute ein begehrter Selfiepoint.

Goldene Brücke, in Nähe von Oper und Schwanenhaus, 40479 Düsseldorf
ÖPNV: U70, U71, U72, U73, U74, U75, U76, U77, U78, U79, U83 Haltestelle Heinrich-Heine-Allee

Stilvolles Gardening

4 *Der Garten-Concept Store „The golden Rabbit“*

Man sieht dem Laden an, dass ehemalige Museumsdirektoren für Ausstattung und Einrichtung verantwortlich sind. Im „The golden Rabbit“, dem kleinen Einkaufsparadies für Pflanzenliebhaber oder, wie es in einem Concept Store im urbanen hippen Stadtteil Flingern angemessener heißt, Garden Lovers, potenziert sich die Schönheit der Produkte in ihrer Präsentation. Spaten, Haken, Rechen hängen sortiert in einer wandausfüllenden Installation, bunte Schutzhandschuhe fügen sich aufgereiht zu einer Linie, das stilvoll platzierte Scherensortiment vermittelt Designcharakter. Petra Wenzel und Werner Lippert leiteten fünfzehn Jahre das NRW-Forum. Nach ihrem Ausscheiden kam die Lust auf Neues, wurde die eigene Gärtnerpassion zum Geschäftskonzept.

Wer sich sonst für den Einsatz auf Balkon und Garten im Baumarkt oder Gartencenter ausstattet, sollte einen Blick in diesen Laden werfen. Die Freude am Bepflanzen und Gärtnern wird sich noch steigern. Hochwertige Produkte von Manufakturen und ausgewählten Herstellern finden sich hier neben einer großen Auswahl an Biosamen und einer eigens entworfenen Gärtnerkollektion mit Denim-Schürzen und Arbeitsoveralls. Für danach, wenn die Gartenarbeit getan ist, gibt es ausgewählte Seifen und Pflegeprodukte für die strapazierten Hände. Wenn das Gärtnern gar bis zum Muskelkater führt, bringen Brennnesseltinktur und Franzbranntwein müde Beine wieder auf Trab. Eine Bücherecke mit Lektüre zu Biogarten und Blumendesign, Guerilla Gardening und Pflanzenkunde lädt ein, sich weiter ins Thema zu vertiefen.

TIPP

Garden Lovers können auch online im Shop stöbern – wobei es vor Ort natürlich viel schöner ist.

Im Logo des Ladens schnappt sich ein Hase, stilvoll in Gold, Erntemöhre und Schaufel. Kunstkenner mögen sich an die Beuys'sche Aktion auf der documenta 1982 erinnert fühlen, als er eine Kopie der Zarenkrone Iwans des Schrecklichen einschmolz und in einen Goldhasen umwandelte. Zumindest die Idee, in jedem von uns liege eine schöpferische Kraft versteckt, kann getrost als Inspiration gelten, „The golden Rabbit“ aufzusuchen. Der Store jedenfalls ist ein Glücksort für Gartenliebhaber.

The golden Rabbit, Ackerstraße 159, 40233 Düsseldorf, Tel. (02 11) 9 66 00 36
www.the-golden-rabbit.de
ÖPNV: U71, U72, U73, U83, Straßenbahn 705 Haltestelle Uhlandstraße

THE Perfect GARDEN

Satire auf Samtsesseln

5 *Aktuelle Politik im Traditionskabarett*

Manchmal lacht man über Dinge, über die man auch weinen könnte. Politik zum Beispiel. Eine Institution dafür ist das Kom(m)ödchen, Düsseldorfs Kabarettbühne. Kay und Lore Lorentz gründeten ihr politisch-literarisches Kabarett mit der Klammer im Namen kurz nach dem Krieg im Jahr 1947. Damals bot der Duden zwei Schreibweisen für die kleine Kommode an, schnell wurde das (m) zum Markenzeichen. Anfangs trat man im Hinterzimmer einer Altstadtkneipe auf. Zwanzig Jahre später bekam das Ensemble dann eine größere Bühne. Mitten in einer Vorstellung erfolgte der Umzug in die Räume der neu gebauten Kunsthalle. In der Pause trugen die Gäste Requisiten und Teile des Bühnenbildes ins neue Haus. Seit 1993 ist Sohn Kay Sebastian Lorentz Geschäftsführer des Hauses, das er unterdessen gemeinsam mit seiner Frau Elke leitet.

Es lohnt sich, Zeit mitzubringen vor Vorstellungsbeginn, um noch ein wenig in der K-Bar zu verweilen, zum Beispiel mit Abendbrötchen und Alt. Auch im Aufführungssaal mit seinen rund 200 Plätzen werden Getränke serviert. Auf der kleinen Bühne mit der auffälligen Randverkleidung – beim Einzug zusammengestellt aus alten Möbeln von Pariser Flohmärkten – präsentiert sich das hauseigene Ensemble mit eigenen, erfolgreichen Produktionen im Mix aus Satire und Sitcom. Denkanstöße inklusive.

Neben einem festen Ensemble sorgen Gastkünstler der deutschsprachigen Kabarettszene für ein abwechslungsreiches Programm – Newcomer und bekannte Namen gleichermaßen. In der wechselvollen Geschichte des Kom(m)ödchens, das als eine der renommiertesten Kleinkunstbühnen Deutschlands gilt und das älteste politische Kabarett bundesweit ist, startete schon so manche Karriere wie die von Harald Schmidt, Hugo Egon Balder, Thomas Freitag, Jochen Busse und Mariele Millowitsch.

Düsseldorf hat viele Theater. Aber in keinem wird so viel gelacht wie im Kom(m)ödchen. Immer wieder werden neue Geschichten aus den Kommodenschubladen gezogen. Und dass Lachen zum Glücklichsein beiträgt, ist unbestritten.

Kom(m)ödchen, Kay-und-Lore-Lorentz-Platz, 40213 Düsseldorf, Tel. (02 11) 32 94 43
www.kommoedchen.de
ÖPNV: U70, U71, U72, U73, U74, U75, U76, U77, U78, U79, U83
Haltestelle Heinrich-Heine-Allee

28
24

Döner mit Rheinromantik

6 *Schwimmender Imbiss in Golzheim*

In Istanbul gibt es unzählige Imbiss-Schiffe am Rande des Bosporus. Ihre Spezialität: Balik Ekmek, Grillfisch in einer Brottasche mit Salat. Als Hüseyin Soyla nach mehr als zwanzig Jahren seinen Döner-Wagen in der Nachbarschaft des türkischen Konsulats an der Cecilienallee abziehen musste – die Sondergenehmigung lief aus, weil das Konsulat umzog –, holte er die Istanbuler Tradition an den Rhein. Er eröffnete „Düsstanbul", das Döner-Boot. Im Namen vereinte er die beiden Städte. „Eminönü Balikcisi" steht auf der Längsseite des Schiffes. Das erste Wort ist der Istanbuler Stadtteil, wo unter der Galata-Brücke besonders viele Imbiss-Schiffe ankern, das zweite bedeutet Fischmann.

Der rot-weiße Kahn mit der praktischen Ausstattung liegt seit Herbst 2013 im geschützten Bereich des Golzheimer Hafenbeckens an der Theodor-Heuss-Brücke. Soylas Spezialität nach dem Umzug an den Rhein ist, wie könnte es anders sein, Balik Ekmek. Seine Kunden kommen wegen des Grillfischs von weit her, aber auch wegen der romantischen Lage seines kleinen Schiffes. An das leicht schwankende Gefühl beim Anstehen gewöhnt man sich gern. Auf der schwimmenden Dönerbude selbst gibt es nur eine Handvoll Banksitzplätze, aber oben auf der Deichmauer dafür umso mehr. Besitzer Soyla hat hier kleine bunte Plastikhocker aufgestellt, und wenn sie nicht reichen, lässt man die Beine am Deich herunterbaumeln. Hauptsache Rheinblick. Und der ist grandios, weil ganz nah. Da schmecken Döner, Balik, Salattasche und türkische Pizza noch besser. Das „Düsstanbul" ist sommers wie winters geöffnet. Seine Stammkunden sind dem 49-jährigen Hüseyin Soyla, der mit 16 Jahren alleine aus Anatolien nach Deutschland gekommen war, an diesen etwas abgelegenen Platz gefolgt. Etliche aus den umliegenden Büros verbringen ihre Mittagspause hier. Dazu kommen all diejenigen, die Döner mit Rheinromantik lieben. Im Sommer können sie das bis zum Sonnenuntergang. Was für ein Glück.

TIPP

Auch in kälteren Monaten einen Besuch wert, dann leuchtet das Düsstanbul romantisch.

Düsstanbul, Rotterdamer Straße 30, 40474 Düsseldorf, Tel. (01 72) 7 74 35 07
ÖPNV: U78, U79 Haltestelle Theodor-Heuss-Brücke

DÖNER

Charme der ruhigen Rennbahn

7 *Ein Platz auf der alten Tribüne*

Am Waffelstand sind die Rollläden heruntergelassen, die Wettannahmeschalter liegen brach, die Bierbänke vor den Imbissständen sind verwaist. Macht nichts. Gerade deswegen bin ich ja jetzt hier. An einem Tag ohne Rennen auf der Rennbahn. Anlaufpunkt ist die alte Tribüne, die linke der beiden. Die mit Holzdach statt Stahlträgern, mit den Stufen in unterschiedlicher Höhe, wie ein Warnschild in roten Lettern verheißt. Die mit den unbequemeren, an eine Kirchenbank erinnernden Sitzreihen statt Kunststoff-Schalensitzen. Die mit mehr Charme. Die Fachwerktribüne aus dem Jahr 1920 steht unter Denkmalschutz und ganz und gar nicht im Schatten der 1988 errichteten modernen Haupttribüne.

Nehmen Sie Platz. Der ist heute, am rennfreien Tag, reichlich vorhanden und kostenlos zu haben. Still liegt die Rennbahn vor mir. Schön ist es hier. Wo sich zu Spitzenzeiten an die 20.000 Besucher tummeln und die Pferde im rasenden Galopp die Luft zum Flirren bringen, ist heute die Ruhe greifbar. Kein Trubel, kein Geräuschpegel, kein fiebriges Hoffen aufs Wettglück. Dafür Ausblick ins Grüne. Und auf vereinzelte Golfergrüppchen, die ihren Caddy hinter sich her ziehen oder lange ihrem gerade in die Luft beförderten Ball nachschauen. Denn in der Mitte der Rennbahn erstreckt sich ein Golfplatz. Über mir segeln Schwalben leichtflügelig durch die Lüfte. 42 Nester schmiegen sich in die Ecken der weiß-lackierten hölzernen Dachbalken.

TIPP **Wer es trubeliger und spannender möchte, kommt an einem Sonntag mit Pferderennen. Und wettet.**

Bevor man zu sehr entspannt beim Blick auf die verschiedensten Grünschattierungen von Rennbahnstrecke, Golfplatzwiese, akkurat geschnittenen Buchsbäumchen und Laubwald bis zum Horizont, bietet sich ein Spaziergang entlang der Rennstrecke an. Auch wochentags kommt hier das ein oder andere Rennpferd vorbei, auf dem Weg zur Trainingsstrecke noch trabend, schon vor Ungeduld sprühend. Dann geht er los, der Geschwindigkeitsrausch. Alternativ oder ergänzend zum Spaziergang lohnt sich der Besuch der „Golf Akademie Düsseldorf-Grafenberg". Ein etwas förmlicher Begriff für ein schönes Café mit großer Terrasse.

Galopprennbahn Grafenberg, Rennbahnstraße 20, 40629 Düsseldorf, Tel. (02 11) 17 72 60
www.duesseldorf-galopp.de
ÖPNV: Bus 894 Haltestelle Rennbahn

Ernten auf der Streuobstwiese

8 *Bürgerwäldchen in Meerbusch*

„Auch wenn ich wüsste, dass die Welt morgen zugrunde ginge, würde ich noch heute einen Apfelbaum pflanzen." Zuversicht und Zukunftsdenken verstecken sich in dem Zitat Franz von Assisis aus dem 13. Jahrhundert. Er würde sich freuen über die mehr als 600 Bäume, die im Meerbuscher Bürgerwäldchen südlich des Wasserwerkes gepflanzt wurden. Es besteht seit zwanzig Jahren. Nicht nur Apfelbäume wurden hier gepflanzt. Auch Birne, Nuss, Pflaume, Kirsche und Mispel, ein wenig bekanntes Kernobst, fügen sich zu einer Streuobstwiese. Ursprünglich und natürlich.

Der Baum als Symbol für einen Anfang, als zukunftsweisende Erinnerung an einen bestimmten Menschen. An einzelnen Bäumen hängen noch die kleinen Messingschilder aus den 90ern, als die meisten der Jungbäume gepflanzt wurden. Auf den Schildern: ein Vorname, ein Datum. Die Geburt eines Kindes, ein schöner Anlass, ein Bäumchen zu pflanzen. Ebenso Hochzeit, Konfirmation, Jubiläen, Firmengründungen – alle Bäume wurden zu persönlichen oder betrieblichen Anlässen gespendet.

TIPP Für die Ernte Schüssel oder Tüte mitbringen. Eine kleine Leiter kann hilfreich sein.

Das Bürgerwäldchen am Wasserwerk in Lank-Latum war das erste seiner Art in Meerbusch. 2016 wurde es ergänzt durch eine benachbarte Wildblumenwiese, die schön aussieht und Insekten als Heimat dient. Doch auch an anderen Stellen entstanden Bürgerwäldchen. Die Freude am Baumpflanzen blieb, die Natur dankt es bis heute. So hat Meerbusch mittlerweile fünf Bürgerwäldchen. Man kann hier für den privaten Gebrauch ernten, durch die hohe Wiese waten und sich einen Baum aussuchen. Das Schöne: Jeder ist anders. Keine geordnete Plantagenreihung, sondern ein natürlicher Volksobstgarten. „Frag nicht, wer einst in seinem Schatten tanzt, und denke nur, es haben deine Ahnen, die dich nicht kannten, auch für dich gepflanzt." Diese Zeilen hatte eine 95-jährige Meerbuscherin bei einer Pflanzaktion vorgetragen. Zuversicht und Zukunftsdenken auch bei ihr.

Bürgerwäldchen in Lank-Latum am Wasserwerk
Parkmöglichkeit Ecke Brunnenstraße/Große Gasse, 40668 Meerbusch
ÖPNV: keine direkte Anbindung

Malte
* 9.5.1993

Sky Spa

9

Wellness über den Dächern Düsseldorfs

Leise surrt der Aufzug in den neunten Stock. Die Türen öffnen sich zu einem Wellness-Refugium im dezenten Asia-Style. Viel beiger Naturstein, zurückhaltende Deko, helle Farben, angenehme Düfte. Das „Sky Spa" im Nikko-Hotel mitten im japanischen Viertel steht nicht nur Hotelgästen, sondern auch Tagesgästen zur Verfügung. Und das jeden Tag bis 22 Uhr. Ein Highlight: der Penthouse-Pool. Sozusagen als Krönung des Hotelkomplexes befindet er sich ganz oben im elften Stock. Über vierundvierzig Wendeltreppenstufen geht es also noch weiter hinauf. Gleich mit erledigt hat man da das Warming-up vor dem Schwimmen oder den anderen Fitnesseinheiten im ebenfalls hier oben untergebrachten Gym-Bereich. Der zwölf Meter lange Pool mit Jetstream, einer Gegenstromanlage, ist von einer Fensterfront umgeben. Bahnen ziehen mit Aussicht. Nach dem Schwimmen dann stilvoll abhängen in einem der riesigen Sitzsäcke, die rundum auf den Bänken an den Fensterflächen verteilt sind, und den Blick über Düsseldorfs Dächer schweifen lassen. Oder sich ausstrecken auf den komfortablen Liegen. Besonders abends ist das reizvoll, wenn es schon dunkelt, Innen- wie Außenbereich illuminiert sind und die Lichter der Stadt blinken.

Hier lässt es sich der Massage nachspüren, die man in den Behandlungsräumen zwei Etagen tiefer buchen kann. Sauna, Dampfbad und Sanarium sind wie Pool und Gym im Grundpreis enthalten, Zusatzbehandlungen nicht. Der Wohlfühlluxus lässt sich beliebig steigern – vielleicht eine kosmetische Gesichtsbehandlung oder doch lieber Hanakasumi? So nennt sich eine von der japanischen Badezeremonie inspirierte Körperbehandlung mit Seidentuchpeeling, energetischer Fuß- und entspannender Körpermassage. Und all dies auf Wasserbettliegen, für ein schwebendes Gefühl und ergonomisch angenehmes Ruhen. Für knapp hundert Euro etwas de luxe, aber ab und an darf das Wohlfühlglück ja auch mal finanziell über die Stränge schlagen.

TIPP

Anschließend im hauseigenen Restaurant Benkay essen gehen. Natürlich nur etwas Leichtes.

Sky Spa, Nikko-Hotel, Immermannstraße 41, 40210 Düsseldorf, Tel. (02 11) 8 34 25 00
www.nikko-hotel.de

ÖPNV: U70, U74, U75, U76, U77, U78, U79 Haltestelle Oststraße

Gemütlichkeit im Eiskeller

10 *Weinbar im historischen Gewölbe*

Diese Straße hat genau ein Haus, aber das hat immerhin drei Hausnummern. Am Eiskellerberg 1–3, schräg gegenüber der Kunstakademie, finden Weinfreunde ein Zuhause. Im „Eiskeller". Kalt ist es hier heute nicht mehr. Das war einmal. Früher waren in den Katakomben die Eisvorräte für den Fürstenhof untergebracht. Winters aus dem zugefrorenen Rhein geschlagen, hielten sich die Vorräte über Monate und sorgten später auch bei den Brauereien für Kühlung.

Lange stand der Keller des Hauses leer, bis 2015 die Weinliebhaber und -kenner Dorina Sill und Klaus Wählen ihre Bar im historischen Gewölbe eröffneten. Wer Weingüter kennt, sei es aus Rheinhessen oder Umbrien, wer Wein schon mal woanders als im Restaurant getrunken hat, wer einfache, gemütliche Atmosphäre mag – oder all dies kennenlernen möchte und dazu noch ein paar Weine –, der ist hier richtig. Gewölbedecken, Natursteinmauern, rustikale Holztische und eine große Theke prägen das Bild des einladenden Lokals, das sich schmal und lang über drei Räume nach hinten erstreckt.

TIPP Der Eiskeller ist auch Weinhandel. Flaschen kann man zum „Außer-Haus-Preis" mitnehmen.

Die Inhaber setzen auf Weine jenseits des Mainstreams, alle sind von naturnah arbeitenden, kleinen Weingütern. Viele der Weine sind bio und bio-dynamisch. Ausgefallen sind die sogenannten Orange-Weine. Sie werden aus weißen Trauben hergestellt und auf der Maische vergoren, wie es sonst bei Rotweinen üblich ist. So entstehen individuelle Weine mit vielschichtigen Geschmacksaromen.

Zwei Jahre hatte die gelernte Restaurantfachfrau Dorina Sill zuvor in Langenlonsheim bei Bingen für einen Winzer gearbeitet, ihr Partner betreibt seit fünfzehn Jahren einen Weinhandel. Fachwissen, das sie jetzt in die Praxis umsetzen und den Gästen nahebringen. Rund 260 Weine stehen auf der Karte, allein vierzig davon sind offene. Dazu eine Käseplatte, Oliven oder spanischer Schinken. Alternativ zum Gewölbe gibt es einladende Sitzplätze mit Tischchen aus Weinkisten direkt vor dem ebenerdigen „Eiskeller". Wunderbar in der Abendsonne.

Eiskeller, Eiskellerberg 1-3, 40213 Düsseldorf, Tel. (02 11) 20 05 26 86, www.eiskellerbar.de

ÖPNV: U70, U74, U75, U76 Haltestelle Tonhalle/Ehrenhof

eiskeller
WEIN.SNACKS.CAFE

Einkaufserlebnis im Nador

11 *Ein Supermarkt im marokkanischen Viertel*

Nador liegt im nordöstlichen Marokko. Eine Großstadt am Meer. In Düsseldorf liegt Nador in der südlichen City, unweit des Hauptbahnhofs. Al Abdouni Mohamed hat seinen Supermarkt nach seiner Heimatstadt benannt und ein Einkaufserlebnis geschaffen für Olivenliebhaber, Fans frischer Minze, Arganöl-Kenner, Tee-Auswahlfreunde. Im Nador gibt es auf 480 Quadratmetern alles, was ein Supermarkt bietet, nur alles mit südlichem Touch.

Beim Eintreten vermischt sich der Duft der frischen Minze, die in Bündeln gestapelt hinter der Glastheke liegt, mit der Würze des Korianders. Weiter links duftet es nach frischem Brot – marokkanisches Msaman gibt es hier, ebenso Harcha, das etwas festere Grießbrot. Außerdem Fladenbrot, Baguette und etliche Süßigkeiten. Davor stapeln sich die Feigen in großen Obstkisten, die Wassermelonen werden geviertelt angeboten und sind für einen Familienschmaus immer noch ausreichend.

Neben der Bäckertheke baumeln bunte Fruchtgummitüten, Haribo halal, das heißt ohne Schweinegelatine, also den muslimischen Speisegesetzen entsprechend. Es gibt Reis, Mehl und Couscous, den in Marokko so beliebten Hartweizengrieß. Viele Waren bekommt Besitzer Abdouni aus Belgien, dorthin werden sie aus Marokko importiert. Wie die eingelegten Zitronen, die etlichen Gerichten frische Würze geben, zum Beispiel Hähnchen oder Fisch. Beides auch hier zu haben. Hinten im lang gestreckten Laden fügen sich Fleisch- und Fischtheke aneinander. Wenn dann noch Gewürze fehlen, vielleicht der Einfachheit halber zur marokkanischen Gewürzmischung greifen. Cumin, Ingwer, Pfeffer, Curcuma und Paprika versprechen geschmackliche Verfeinerungen. Gleich vor Ort probieren lassen sich die Oliven. Selbstbedienung bei den wannengroßen Behältern mit Oliven in den verschiedensten farblichen Schattierungen.

Obst und Gemüse gibt es täglich frisch. Nicht alles ist aus Marokko. Die Datteln sind aus Tunesien, das Teegeschirr aus China. Das wird im echten Nador genauso sein. Eine bereichernde Abwechslung zu Aldi, Rewe und Co. ist der marokkanische Supermarkt auf jeden Fall.

Nador Markt, Linienstraße 7, 40227 Düsseldorf, Tel. (02 11) 1 65 37 81
ÖPNV: Straßenbahn 704, 707, Bus 722, 732 Haltestelle Mintropplatz

Schäfchen zählen

12 *Schafsherde auf den Oberkasseler Rheinwiesen*

Schafe sind ruhige Zeitgenossen. Auch wenn sie ab und an durchaus lautstark blöken. Sie stehen auf der Wiese und grasen. Blicken in die Luft. Grasen weiter. Wandern langsam in den Baumschatten. Ruhen sich aus. Vom Grasen. Die Klangkulisse in Mäh-Variationen der mehreren Hundert Tiere untermalt die Landidylle in Stadtnähe. Denn die Herde befasst sich keineswegs mit sattem Grün im Bergischen Land oder in der Eifel. Vom Düsseldorfer Altstadtufer aus kann man die weißen Tupfen auf der gegenüberliegenden Rheinseite als Schafe ausmachen. Sie stehen auf den Rheinwiesen am Oberkasseler Ufer. Jedenfalls dann, wenn der Schäfer das so eingerichtet hat.

Hier finden sie innerhalb ihres mobilen Zaunes für einige Tage Heimat. Hier sorgen sie dafür, dass die Wiese ohne technische Hilfsmittel geschnitten wird. Das Gras wird dank ihrer Hilfe kurz gehalten und kann sich dann wieder gut erneuern. Ein Schäfer ist gerade nicht auszumachen. Eigenständig sind Schafe also auch noch, jedenfalls zeitweise. Unbeirrt von Spaziergängern, die sie als ansprechendes Fotomotiv nutzen, verbringen sie ihre Tage mit Aussicht auf die Düsseldorfer Skyline vor Kniebrücke, Landtag, Fernsehturm und Medienhafen.

Da tapst ein Lämmchen über die Wiese. Da sticht ein schwarzes Schaf aus der Masse hervor. Da stupsen sich zwei Schafe spielerisch bis tollkühn. Auf dem Rhein zieht langsam ein Containerschiff vorbei. Schafe zieht es nicht in die Ferne. Sie wirken zufrieden im Hier und Jetzt. Ihr Fell sieht wollig warm und weich aus, ihr Blick wirkt treu. Wir werden uns hoffentlich bald wiedersehen. Beim nächsten Spaziergang am Rhein. Vielleicht ein paar Meter weiter stromaufwärts.

Es sind doch immer wieder die einfachen Dinge, an denen man sich freuen kann, die glücklich machen. Auf der Wiese bei den Schafen sitzen zum Beispiel. Auf den Fluss schauen. Innehalten. Und sich von der Ruhe der Schafe anstecken lassen.

Oberkasseler Rheinwiesen, Kaiser-Wilhelm-Ring, 40545 Düsseldorf
ÖPNV: U70, U74, U75, U76, U77 Haltestelle Luegplatz

Kunst in luftigen Höhen

13 *Im Ständehaus präsentiert sich die Moderne*

Dicht unter der Glaskuppel des Ständehauses fühlt man sich dem Himmel ganz nah. Hier spannt sich das netzartige, aufwendig konstruierte Gebilde von Tomás Saraceno mit dem Titel „in orbit“. Eine Installation, einem mehrschichtigen Spinnennetz nachempfunden, zum Erkunden, zum Ausprobieren. Und das in schwindelerregender Höhe von 25 Metern, denn darunter liegt drei Stockwerke tiefer das Eingangsfoyer. Nach mehrmonatiger Neugestaltung im Jahr 2016 ist es wieder Publikumsmagnet im K21, dem Museum für zeitgenössische Kunst im Ständehaus. In den drei Jahren zuvor hatten an die 400.000 Besucher die mehrschichtige Netzkonstruktion unter der Museumskuppel betrachtet. Rund 150.000 von ihnen wagten eine Begehung. „in orbit“ – ein schwebender Glücksort, an dem man sich leicht, mutig, frei, ein wenig abgehoben fühlt.
Doch auch andere intensive, überraschende Momente lassen sich erspüren, erkundet man die verschiedenen Künstlerräume des Museums. Diese werden immer wieder neu gestaltet und aus der umfangreichen Sammlung bestückt, sodass sich Museumsbesuche in zeitlichen Abständen auf jeden Fall lohnen.

TIPP

Ein Besuch in der Pardo Bar – Museumsgastronomie mit Kunsteffekt.

Unweit des südlichen Endes der Königsallee erstreckt sich der Museumskomplex des K21. Aus der Ferne ist bereits die futuristische Glaskuppel zu erkennen. Viele Jahre tagte der nordrhein-westfälische Landtag in dem historischen Gebäude. 2002 wurde in den umgebauten Räumen dann das zweite Museum der Kunstsammlung eröffnet, K21. In Ergänzung zum K20 am Grabbeplatz wird hier ausschließlich Kunst des 21. Jahrhunderts inszeniert. Im Untergeschoss des architektonisch immer wieder überraschenden Gebäudes ist Raum für Wechselausstellungen. Mit über sechs Metern Höhe bietet es andere Präsentationsmöglichkeiten als die kleineren Räume in den oberen Geschossen. Durch Bullaugenfenster blickt man auf und unter die Wasseroberfläche des umliegenden Kaiserteichs. Dieser lädt im Anschluss an den Museumsbesuch zum Rundgang ein.

K21, Ständehausstraße 1, 40217 Düsseldorf, www.kunstsammlung.de
ÖPNV: U71, U72, U73, U83, Straßenbahn 706, 708, 709 Haltestelle Graf-Adolf-Platz

Mit Altbier, Chili oder Feige

14 *Im Senfladen warten Geschmackserlebnisse*

Den Fans der cremigen, würzigen Essenszugabe tut sich hier ein kleines Paradies auf: Im Senfladen mitten in der Düsseldorfer Altstadt gibt es jegliche Variationen. Ob mild, kräftig, scharf, exotisch oder klassisch – Senfliebhaber kommen hier auf ihre Kosten. Skeptiker und Neugierige gleichermaßen können sich feine Holzstäbchen schnappen und diverse Geschmacksrichtungen durchprobieren. Milde wie Honig-Dill, kräftige wie Rotwein-Pflaume, scharfe wie die Chili-Version.

Und natürlich den traditionellen Bestseller ABB. Hinter der Abkürzung verbirgt sich scharfer, dunkler Senf, gewonnen aus brauner Senfsaat. Seine Rezeptur geht ins Jahr 1726 zurück, damals wurde in Düsseldorf die erste Senffabrik gegründet. Die Initialen des Firmengründers Adam Bernhard Bergrath führten zu seinem Namen. Liebhaber und praktisch Veranlagte kommen mit kleinen bis großen Gefäßen und lassen sich ihre Ration ABB aus den tönernen Spendern abfüllen.

Endgültig zur Senfstadt avancierte Düsseldorf Anfang des 20. Jahrhunderts, als nach dem Ersten Weltkrieg Otto und Frieda Frenzel, aus dem Elsass kommend, sich hier niederließen und den „Löwensenf“ als frühe Marke etablierten – mit dem Löwen als Markenzeichen in Anlehnung an das Düsseldorfer Stadtwappen. Auch daran erinnert die kleine Museumsecke im hinteren Bereich des Ladens. Fotos alter Fabrikstätten und erster Geschäfte, diverse Tischtöpfchen und Produktionsutensilien geben einen Einblick.

TIPP

Die Bergerkirche gegenüber besichtigen. Künstlerisch und architektonisch interessant gestaltet.

Doch weiter zum Probieren. Altbiersenf – für meinen Geschmack etwas speziell, aber ein Bestseller. Verbindung zu Düsseldorf schafft auch der Jan-Wellem-Senf, ein Steinpilz-Senf, der an den alten Kurfürsten erinnert. Warum nicht mal die Senfvariante Coconut-Curry ausprobieren? Wer erst die Nase rümpft, wird eines Besseren belehrt. Senf lässt sich zu Bockwurst und Käse kreieren, verfeinert Salat- und Bratensaucen und schmeckt zu Kräckern und Gegrilltem. Kulinarische Glücksmomente durch kleine Senfzugaben – eine regionale Spezialität Düsseldorfs.

Düsseldorfer Senfladen, Bergerstraße 29, 40213 Düsseldorf, Tel. (02 11) 8 36 80 49
ÖPNV: U70, U71, U72, U73, U74, U75, U76, U77, U78, U79, U83
Haltestelle Heinrich-Heine-Allee

ORIGINAL
Löwensenf
gegr.
Senfmehl
braun
SENFSPEZIALITÄT
Löwensenf
Feige
Löwensenf
Provençale

Ratingens Auermühle

15 *Das „Liebevoll" ist ein beliebter Ausflugsort*

Glücksmomente in der Auermühle, liebevoll gemixt: Den historischen Gebäudekomplex bei der Anfahrt im Tal liegen sehen, umgeben von Bäumen, vielen Bäumen. Sich über das „Herzlich willkommen" der Thekenbedienung freuen. Das Wasser des Angerbachs sprudelnd vorbeifließen hören. Eine fest installierte Torwand auf der Wiese neben dem Spielplatz entdecken und dann noch einen Lederball dazu. Sich ein großes Stück Kirschstreusel teilen – das „Liebevoll" ist bekannt für seine leicht überdimensionierten Kuchenstücke – und eingekuschelt in eine dicke Decke Herbstsonnenstrahlen im Biergarten einfangen. Dazu zwei Kakao mit Sahne. Den ersten Tanz als verheiratetes Paar im festlich geschmückten Veranstaltungssaal im ersten Stock des Hauses genießen. Auf der Wiese liegen und die Kinder beim Spielplatztoben wissen. Sich für ein paar Stunden im Urlaub fühlen. Von einem Waldspaziergang kommend einen gemütlichen Platz am Kamin ergattern und sich die kalten Finger am Beerenpunsch wärmen. Die lange Brunch-Tafel bestaunen und sich auf die nächsten Sonntagsstunden freuen. Sich ins Biergartengewühl stürzen, Bratwurst verputzen, Bekannte treffen, nicht an den Arbeitsalltag denken, den Sommer schmecken. Die illuminierte Auermühle umgeben von schneebedeckten Bäumen. Dem Knistern des Lagerfeuers am Rand des Biergartens lauschen, Hühnersuppe und ein Gläschen Rotwein dazu. Glücksmomente in der Auermühle – kein Anspruch auf Vollständigkeit.

TIPP

Ab in den Wald – es gehen direkt Wege zum Spazieren oder Mountainbiken ab.

Früher tat die Auermühle ihre Dienste im Kornmahlen, dann kam eine Kornbrennerei dazu, später eine Schankwirtschaft. Der Gebäudekomplex im Angertal wurde zum beliebten Ausflugslokal. Seit mehr als fünfzehn Jahren ist hier nun das „Liebevoll" zu Hause, ein Restaurant mit viel Platz in modern-ländlichem, stets schön dekoriertem Ambiente, mit Ganzjahresterrasse und einer Speisekarte von Snacks bis gehobene Küche.

Auermühle, Auermühle 1, 40882 Düsseldorf, Tel. (0 21 02) 89 29 80, www.liebevoll.de
ÖPNV: Bus 015 Haltestelle Ratingen Hauser Ring oder Ratingen Ost

Auermühle

Blumenmeer in der Tannendiele

16 *„Blumengut“ verschönert die Tannenstraße*

Im 19. Jahrhundert war die „Tannendiele“ ein Hotel für die Offiziere der gegenüberliegenden Ulanenkaserne. Seit Frühling 2016 beherbergt sie ein florales Paradies. Michael Frings hatte das leer stehende Lokal, zuletzt ein chinesisches Restaurant, entdeckt und sich sofort in Namen und Räumlichkeiten verliebt. Und er nutzt sie alle, bis auf den Bürgersteig und in den Hinterhof. Überall Blumen. Schick neben schlicht. Ausgefallene Gewächse, einfache Schönheiten. Auf der Blumentheke: prachtvolle Schnittblumen frisch drapiert, ohne Allüren. Viele regionale Blumen, bunte Wiesensträuße, seltene Sorten. Im Hinterhof: kleine und große Balkonpflanzen, Tomatenstauden und Nützliches. Die Vielfalt des Ladens spiegelt sich nicht nur in der Pflanzenauswahl wider. Übertöpfe gibt es von zwei bis zweitausend Euro.
Ein wenig ungewöhnlich sind die Öffnungszeiten. Das liegt daran, dass sich Florist Michael Frings an drei Tagen in der Woche mit blumiger Ausstattung von Modegeschäften befasst – so zählen einige Kö-Shops zu seinen Kunden –, außerdem Fotoshootings floral ausstattet und Terrassen gestaltet. Dann ist er nur sporadisch vor Ort, und die Blumenauswahl ist nicht so groß wie zu den regulären Öffnungszeiten donnerstags bis samstags. Dafür hat er an diesen Tagen schon kundenfreundlich um 7 Uhr morgens auf. Zudem gibt es noch die Hinterräume. Hier bietet Michael Frings Workshops an, blumige Bastelkurse sozusagen. Vom Adventskranzbinden bis zur Tischdeko. Beim „Tannenrausch“ am ersten Donnerstag im Monat geht es auf andere Weise kreativ zu. Dann stellt ein externer Gast sein Werk vor, sei es Deko oder Kunst.
Die „Tannendiele“ ergänzt die gleichnamige Straße am Rand der vor einigen Jahren zu einem Wohnkomplex umgebauten Kaserne perfekt – neben der traditionellen Eckkneipe „Tannenbaum“, dem schon lange ansässigen „Tavernaki“ und dem polnischen „Malinas“, bei dem schon mal Tom Hanks Piroggen genossen hat, haben sich hier nette Bistros etabliert. Die kulinarische Auswahl ist groß, die für Pflanzenschönheit nun auch.

Tannendiele Blumengut, Tannenstraße 15, 40476 Düsseldorf, www.tannendiele.de
ÖPNV: Bus 721 Haltestelle Frankenplatz, Straßenbahn 707 Haltestelle Tannenstraße

Im Schneidersitz zum Glück

17 *Das Schneider-Wibbel-Denkmal*

„Streichle den Wibbel ein kleines Stück, und du wirst sehen, es bringt dir Glück!" – so steht es geschrieben auf einer kleinen Tafel unterhalb des Bronzedenkmals von Schneider Wibbel. Dass sich die Aufforderung so mancher zu Herzen nimmt, sieht man an den heller glänzenden Stellen an der Figur. Die gefalteten Hände, die Knie, die Nase und sogar die Bartspitze stechen leuchtend hervor. So wie man in Rom Geldstücke in den Trevi-Brunnen wirft und in Bremen den Huf der Stadtmusikanten-Statue berührt, um das Glück zu locken, so lädt in Düsseldorf die Romanfigur des Heimatdichters Hans Müller-Schlösser zu Streicheleinheiten ein. Der Volksmund sagt, dass das Berühren der Figur Glück bringen soll. Ausprobieren kann nicht schaden.

Am 14. Juli 1913 hatte das Theaterstück „Schneider Wibbel" am Schauspielhaus Düsseldorf seine Uraufführung. Es erzählt eine Geschichte über rheinische Schläue, wurde weltweit mehr als zehntausendmal aufgeführt und auch verfilmt. Man findet den Schneider Wibbel in der Schneider-Wibbel-Gasse. Wo sonst? Doch muss man sich zwischen den ausladenden Restaurants erst orientieren. Manch ein Düsseldorfer rümpft die Nase über die gerade mal hundert Meter lange Touristengasse mit erschlagender Restaurant- und Heizpilzdichte, andere reizt der Besuch mit südländisch-touristischem Flair und Essensplatz im Freien. Der kleine Schneider jedenfalls fügt sich etwas unauffällig in die Außenwandgestaltung ein, umgeben von Speisekarten, Sonnenschirmen und enger Bestuhlung. Wenige Meter von der Statue entfernt blickt eine weitere Schneidervariante auf das Treiben herab. Doch diese ist nur zu ausgewählten Zeiten zu sehen. Hoch oben schmückt die Schneider-Wibbel-Spieluhr eine Hauswand. Fünfmal täglich erscheint ein hölzernes Schneiderlein vor den dann geöffneten Fensterläden. Wenn das Glockenspiel ertönt, schwingt Schneider Wibbel seine Nadel im Takt der erklingenden Melodie.

TIPP

Im benachbarten Programmkino „Cinema", Hausnummer 5, laufen ausgewählte Filme.

Schneider Wibbel, Schneider-Wibbel-Gasse, 40213 Düsseldorf

ÖPNV: U70, U71, U72, U73, U74, U75, U76, U77, U78, U79, U83 Haltestelle Heinrich-Heine-Allee

Meditation am Loch

18 *Minigolfen am Unterbacher See*

Geduld und Geschick gehen beim Minigolf eine unschlagbare Kombination ein. Besonders wenn man mit Grüppchen größer als drei Personen an den Start geht. Denn Warten gehört dazu bei der Miniaturausführung des großen Golfsports, gilt es doch, 18 Bahnen zu bezwingen. Ein gewisses Geschick beim Schlagen erleichtert dabei das Vorankommen.
Die Minigolfanlage am Nordufer ist Bestandteil der „Volkserholungsstätte Unterbacher See". So steht es auf der Karte am Schaukasten des angrenzenden Campingplatzes. Hier an der Rezeption bekommt man nicht nur Eis und Limo, sondern auch die Schläger und Bälle.
Minigolfen verbinde ich immer mit Urlaub. Auch wenn es zu Hause stattfindet, wie hier auf der kleinen, überschaubaren Anlage am Unterbacher See. Den Schläger sanft ausholend schwingen, den Ball mental vorantreiben, über gelungene Hindernisbewältigung staunen, das kribbelnde Gefühl, wenn es gelingt, den Mitspieler zu übertrumpfen – schnell fühle ich mich zurückversetzt an Minigolfeinheiten im Familienurlaub in Südtirol, wo wir vorher ins Freibad und anschließend Pizza essen gingen. Dieses Urlaubsfeeling ist auch am Unterbacher See zu haben. Das Strandlokal „Se(h)restaurant" ist nicht weit, und falls das Wetter mitspielt, lohnt natürlich auch der Badespaß.

TIPP Eine Tretboottour und dann den Tag auf der Terrasse des „Se(h)restaurants" ausklingen lassen.

Auf dem Minigolfplatz vorherrschend: schlichte Betonbahnen ohne modernen Schnickschnack. Oder gar thematische Bahnengestaltung, womit andernorts manche Minigolfbetreiber ihre Anlage interessanter machen wollen. Hier herrscht Purismus kombiniert mit sattfarbenen Hindernissen auf den Bahnen. In Rot, Blau und Gelb. Der kleine, feste Ball kullert über Ebenen, durch Hindernisse, über Rampen und landet natürlich nicht immer im Loch. Entspannung und leichte Ermüdungserscheinungen stellen sich spätestens ab Bahn zehn ein. Aber wenn der Ball tatsächlich einmal doch beim ersten Schlag ins Loch plumpst oder kullert, dann jubelt das kleine Glücksgefühl des Hobbygolfers en miniature lauter als jedes Handicap.

Minigolfanlage, Nordstrand Unterbacher See, 40627 Düsseldorf
www.unterbachersee.de/minigolf.html
ÖPNV: Bus 735 Haltestelle Strandbad Nord

Italien-Flair bei Lai

19 *Kulinarische Mittagspause im Gattogiallo*

„Gatto bianco“, so hieß das Lieblingscafé von Lai und ihrem Mann in Süditalien. Aus der „weißen Katze“ wurde eine gelbe, als es darum ging, den Traum vom eigenen Café nicht mehr nur zu träumen. „Gattogiallo“ ist zugegeben kein ganz einfach zu merkender Name, doch wird man nach dem ersten Besuch dennoch schnell und gerne wiederkommen. Dafür sind Ambiente und Gerichte in dem kleinen Ladenlokal unweit der Fachhochschule in Derendorf zu überzeugend. Lai Yee Sammarro-Leung, die sich selbst als „Chinarestaurantkind“ bezeichnet, kam über ihren Vater zum Kochen und über ihren italienischen Mann zu ihrer Art des Kochens. Doch bevor die „gelbe Katze“ Ende 2012 laufen lernte, arbeitete Lai 15 Jahre als Architektin. Ihr Faible für diesen Berufszweig spiegelt sich in der geschmackvoll schlichten Gestaltung und Einrichtung der einstigen Metzgerei wider, die sich in ein schönes Lokal mit offener Thekenküche und zwölf Sitzplätzen gewandelt hat. Klein, aber fein. Ihre Liebe zur mediterranen Küche setzt sie überzeugend in die tägliche Praxis um, verwendet dabei Originalprodukte von lokalen Erzeugern aus Kalabrien und Lukanien in Süditalien und ergänzt diese durch saisonale Produkte aus dem Rheinland. Die Kontakte zu den kleinen Betrieben an der italienischen Stiefelspitze sind über zahlreiche Urlaubsbesuche gewachsen. Käsereien, Weingüter, Olivenölproduzenten, Bioschweinzüchter zählen ebenso dazu wie die Familie ihres Schwagers. Die lebt dort, wo am Waldrand wilder Oregano wächst, und schickt getrocknete Sträußchen dieses feinherben Gewürzes, das Gerichte verfeinert.

TIPP Wer bei Feiern nicht selber kochen möchte, kann ein Catering bestellen.

Lai Leungs Prinzip ist es, aus wenigen guten Zutaten einen geschmackvollen Mittagstisch zu zaubern, so wie man es in der Gegend unterhalb Neapels traditionell macht. Zwei Gerichte gibt es jeden Tag zur Auswahl, eines davon vegetarisch. Ergänzt wird das Angebot durch Panini und Kuchen. Und wer etwas mit nach Hause nehmen möchte, wird im Feinschmeckerregal neben der Theke fündig. Die Lust, aus wenigen, dafür ausgewählten Zutaten feine Küche zu kreieren, nimmt man gratis mit.

Gattogiallo, Geistenstraße 14 a, 40476 Düsseldorf, www.facebook.com/gattogiallo.de
ÖPNV: Straßenbahn 705, 707 Haltestelle Spichernplatz

AMARELLI
AMARELLI
ESPR
LATT
CAPP
MASSERIA FALVO 1727
MASSERIA FALVO 1727

Ruhe in der Altstadt

20 *Der Stiftsplatz an Düsseldorfs ältester Kirche*

Als Düsseldorf noch ein Dorf an der Düssel war, stand die Lambertuskirche schon. Jedenfalls eine kleinere Vorgängerin. Die ersten Häuser des Fischer- und Bauerndorfes schmiegten sich rund um die Dorfkirche am Stiftsplatz. 1288, bei der Stadtgründung, wurde sie zur Stiftskirche erhoben. Teilweise abgerissen, umgebaut, erweitert und 1394 in ihrem heutigen Erscheinungsbild geweiht. Bis 1453 war sie die einzige Kirche in der Stadt. Wenn man auf das Altstadtufer schaut, prägt sie die Silhouette der Stadt und gilt als Düsseldorfer Wahrzeichen.
Ein wenig Historie ist zu spüren, betritt man den Stiftsplatz. Er ist eine ideale Rückzugsmöglichkeit, wenn das nahe gelegene Rheinufer mal wieder zu voll ist. Backsteingebäude säumen den kleinen Platz, in seiner Mitte die „Grote Kerk", wie Düsseldorfer die älteste Kirche der Stadt nennen. Das bedeutet „große Kirche" und will heute nicht mehr so richtig auf die architektonischen Ausmaße passen, eher auf die historische Bedeutung.
Auffällig ist die leicht in sich gedrehte Turmspitze. Ein Blitzeinschlag im Jahr 1817 hatte Düsseldorf seinen „schiefen Turm" beschert. Damals fing der Turm Feuer und brannte teilweise ab. Die neue Spitze bekam einen Bleischutz. Doch seine Schwere übte Druck aus, die Spitze neigte sich, der Turm musste gestützt werden, daher diese etwas eigenwillige Form. Unperfektion kann durchaus sympathisch machen.
Genießt man auf dem Stiftsplatz bereits ruhiges Altstadtfeeling, so steigert sich dies zur Stille beim Betreten der Kirche selbst. Hinein geht es unter einem Relief über dem Eingangsportal. Hier thront der Schutzpatron der Stadt, der heilige Apollinaris. Seine Gebeine liegen unter dem Hauptaltar und machen die Basilika minor, wie Lambertus seit einer päpstlichen Ehrenbezeichnung 1974 heißt, zum Pilgerort. Der Schutzpatron steht in Bekanntheit heute dem sprudeligen Wasser etwas nach. Und was nicht jeder Düsseldorfer weiß, rund um seinen Namenstag am 23. Juli steigt das Kirmesgeschehen am Rhein.

Lambertuskirche, Stiftsplatz 7, 40213 Düsseldorf, www.lambertuspfarre.de
ÖPNV: U70, U71, U72, U73, U74, U75, U76, U77, U78, U79, U83
Haltestelle Heinrich-Heine-Allee

Fernweh am Flughafen

21 *Urlaubsluft auf der Aussichtsterrasse*

Gedanken an CO_2-Ausstoßraten und Klimawandel müssen jetzt mal außen vor bleiben. Sonst wird es nichts mit den glückseligen Momenten, die sich einstellen wollen beim Anblick der durchstartenden Flugzeuge. Konzentrieren wir uns aufs Staunen über die Technik, die Riesen in die Lüfte trägt. Lassen wir Fernwehgefühle zu, die schnell auftauchen, wenn man von der Flughafenterrasse aus die Giganten der Lüfte beobachtet. An kühlen Herbsttagen pfeift hier oben auf der Aussichtsplattform der Wind, im Sommer brennt die Sonne. Das Brummen der nahen Flieger bleibt. Ebenso die Mischung aus Sehnsucht nach fernen Orten, gepaart mit Erinnerungen an Urlaubstage.

Fernweh. Dahinter steckt diese diffuse Sehnsucht nach Weite, nach Veränderung, nach neuen Eindrücken und nach anderen Gefühlen als in der Heimat. Jetzt startet wieder ein Flugzeug. Hebt sich fast majestätisch in den Himmel. Die Gedanken kreisen, ziehen mit durch die Wolken. Fernweh – ein schönes Gefühl. Sehnen nach der Ferne, nach Neuem, Unbekanntem, nach dem Paradies oder den irdischen Resten davon. Hier oben auf der Aussichtsterrasse kann es dich packen.

Rechts auf den Bänken macht eine Kindergartengruppe Picknick und bestaunt die startenden Flugzeuge. Vorn an der Brüstung hält eine Asiatin die Starts gleichzeitig auf Smartphone und Tablet fest. Wir bleiben unten, die anderen starten in die Ferne. Da kann man schon mal ein wenig philosophisch werden. Das, was vor dem Reisen stattfindet, ist doch auch schön, irgendwie. Eine kleine oder große Sehnsucht, Inbegriff des Fernwehs. Und hier endet Fernweh wahrscheinlich nie, auch wenn man mit den Jahren vielleicht mehr bei sich selbst ankommt, als in die Ferne hinaus möchte. Wenn Fernweh zu einer Handlung motiviert hat, verflüchtigt es sich. Ob die Erfüllung des Fernwehs immer notwendig ist, sei dahingestellt. Vielleicht müssen Sehnsüchte nicht immer verwirklicht werden? Was uns lebendig hält, ist doch weniger die Erfüllung der Sehnsucht als die Sehnsucht selbst. Oder soll ich auf dem Rückweg doch mal beim Reisemarkt vorbeischauen?

Aussichtsterrasse, Flughafenstraße 105, 40474 Düsseldorf, www.dus.de
ÖPNV: Bus 721, 760 Haltestelle Terminal A/B/C, S-Bahn S11 Haltestelle Flughafen

B 04

Dem Fluss seinen Raum geben

22 *Naturschutzgebiet Urdenbacher Kämpe*

Auen nehmen Hochwasser nicht übel. Sie profitieren davon. Leider gibt es nicht mehr viele von ihnen – der Mensch hat Flüsse begradigt, Deiche errichtet, einstige Auen zu Bauland gewandelt. So sind natürliche Überflutungsräume selten geworden. In der Urdenbacher Kämpe, dem größten Naturschutzgebiet im Raum Düsseldorf, ist es noch so, wie es sein sollte. Wenn der Rhein bei Hochwasser mehr Platz braucht, dann hat er ihn hier. Dann tritt er über die Ufer und überschwemmt die Auen. Und die belohnen den Menschen für sein Nichteingreifen. Mit üppiger Natur und vielfältiger Tierwelt, mit Feuchtwiesen und Streuobstbäumen, mit verwunschenen Auenwäldern. Und für die Städte flussabwärts bedeutet es natürlichen Hochwasserschutz, wenn der Rhein hier seine Wassermassen im Bedarfsfall ausbreiten kann.

Kämpe kommt vom lateinischen campus, Feld. In dieser Gegend im Süden der Stadt, wo es so ländlich wirkt wie im Urlaub, gab es schon zur Römerzeit Ackerbau. Felder eben. Auch heute noch dienen vor allem die höher gelegenen Teile der Urdenbacher Kämpe, die vom Hochwasser nicht direkt betroffen sind, dem Getreideanbau. Auch Kühe weiden hier. Doch vor allem ist das Naturschutzgebiet ein wunderbarer Ort für Wanderungen und Radtouren. Und einfach zum Verweilen. Ab und zu lädt eine Holzbank am Wegrand dazu ein. Im Schatten einer Weide, neben einem alten Apfelbaum oder mit Blick auf ein weites Getreidefeld, an dessen Rand Mohnblumen blühen. Wissenswertes findet sich auf Infotafeln, die aufklären über Flora und Fauna, Historie und Heutiges. Aufgestellt sind sie von der Biologischen Station Haus Bürgel, dem einstigen Römerkastell im Zentrum der Kämpe, das heute neben einem Römischen Museum und einer Pferdezucht Naturschützer beherbergt. Je nach Wasserstand des Rheins verändert sich das Bild der Urdenbacher Kämpe. Doch in ihrer Naturschönheit und -vielfalt zeigt sich, dass Hochwasser, wenn es seinem natürlichen Lauf folgen darf, mehr Nutzen als Schaden bringen kann.

TIPP

Natur auf einer Exkursion erleben. Organisiert vom Haus Bürgel, Naturschutzverbänden, Gartenamt.

Urdenbacher Kämpe, 40593 Düsseldorf, www.auenblicke.de

ÖPNV: keine direkte Anbindung, Anfahrt am besten mit dem Fahrrad

Extra für Männer

23 *Langschmidt – Barbershop & Ink in Flingern*

„Men only, sorry ladies, move along“ liest man auf der Schaufensterscheibe. Ausnahmen sind Friseurmeisterin Julia Zenner und ihr Team. 2014 hat sie am Rand der Ackerstraße den einzigen von einer Frau geführten Barbershop für Männer in Deutschland eröffnet. Dass Frauen draußen bleiben sollen, ist nicht als Diskriminierung gemeint, vielmehr als Versuch, einen Ort für Männer zu schaffen. Eine maskuline Wohlfühloase. Hier nervt kein Haarspray in der Luft, hier mischen sich weder Gattin noch Mutter ins Styling ein, hier darf es auch mal Bier oder Whisky statt Latte macchiato und Vittel sein. Und hier wird die Kunst des Männerhaarschnitts großgeschrieben, Bartpflege und Rasur gleich dazu. „Trust the girls“ ist ihr Motto.

Die 33-jährige Friseurmeisterin Julia wollte weg von Blondierungswünschen und emotionsgeladenen Friseurgesprächen, als sie Ende 2014 mit ihrem Laden „Langschmidt“ startete. Zu dem Namen inspiriert wurde sie durch ihren Bart tragenden Ururgroßvater. Groß war er und Schmied. So wurde er ganz einfach „langer Schmied“ genannt. Sein Bild ziert das Logo des Ladens, in dem sie mit Kollegin Karo Männerhaar verschönert. Die Inneneinrichtung: selbst gemacht. Holz, Stein, Spiegel und alte Industrielampen an der Decke. Leicht abgewetzt die Friseurstühle, die aus verschiedenen Ecken Deutschlands zusammengekauft wurden. Spiegel vor Backstein. Rauer Charme.

TIPP Frauenbegleitung muss nur ein paar Schritte die Ackerstraße runter. Hier warten diverse Cafés.

Man(n) trägt wieder Bart. Und die schon vergessene Barbierkunst – mit aufgeschäumtem Rasierschaum, Pinsel und Rasiermesser – wird neu belebt. Und da der Bart auch Pflege braucht, besonders wenn er länger ist, gibt es extra hausgemachte Produkte. Bartöl und Bartwachser zum Beispiel. Schön auch das Mentholspray für die Kopfhaut.

Abgerundet wird das Ladenkonzept mit dem „Ink“ im Namen. Hierfür steht Tätowierer Max Gertenbach, der im hinteren Teil des Shops sein Tattoo-Studio eingerichtet hat. Barttrimming und neues Bild auf die Haut, Undercut und Gesichtsmassage – Wohlfühlvarianten für wilde Kerle.

Langschmidt, Ackerstraße 107, 40233 Düsseldorf, Tel. (02 11) 26 15 72 62
www.langschmidt.eu
ÖPNV: Straßenbahn 708, 709, Bus 834 Birkenstraße

PREISE
Come in
Open

Kleiner Bruder ganz groß

24 *Der Ostpark in Grafenberg*

Seine großen Brüder Süd- und Nordpark punkten mit mehr Prominenz. Versteckter, kleiner, unscheinbarer: der Ostpark. Man kann mehr als 15 Jahre in Düsseldorf leben, ohne ihn zu kennen. So wie ich. Acht Hektar umfasst der Ostpark. Im Vergleich dazu misst der Park im Norden der Stadt 36, derjenige im Süden sogar fast zehnmal so viel, nämlich 70 Hektar. Ob mit Kinderwagen oder Hund, alleine oder in Begleitung – auf den Wegen schlendern ist in diesem Park besonders entspannend. Weil auch zu Ausflugshochzeiten wie Wochenend und Sonnenschein kein großes Getümmel auf den Wegen und Wiesen herrscht. Und wochentags bevölkern ohnehin mehr Enten als Menschen den Parkbereich.

Ende des 19. Jahrhunderts, als der Ostpark geplant und fertiggestellt wurde, gab es hier ringsherum nur grüne Wiese und Viehweiden, seit den 30er-Jahren nun Wohngebiete. Wege in weiten Bögen ziehen sich an ausgedehnten Wiesenflächen vorbei durch den Park. Auffällig die üppige Anzahl an Rhododendren-Büschen. Sie wachsen hier gut, da der Boden eher feucht ist. In keiner anderen Düsseldorfer Parkanlage findet sich solch eine Fülle der blütenreichen Büsche.

TIPP

Auf dem Rückweg im ArabesQ, Ludenbergerstraße 1, moderne arabische Küche genießen.

Ein Spielplatz unter Bäumen, ein Hundeauslaufplatz, viel Wiese und ein wunderschöner Weiher. Einst, in den Anfangszeiten des Parks, glitten hier Ruderboote übers Wasser, heute sind es nur noch Schwäne und Enten. Leider. In dem kleinen See darf man sogar ganz offiziell fischen. Mit Fischereierlaubnisschein. Karpfen, Aale und Rotaugen finden sich hier unter den 17.000 Quadratmetern Wasserfläche.

Die hölzerne Terrasse direkt am Wasser lädt zum Verweilen ein. Kein Haus am See, aber Bänke. Hier könnte ich sitzen bleiben. Die sanften Wellen auf dem Wasser, die jungen Enten, die majestätischen Schwäne beobachten. Ein wenig bleib' ich noch.

So ist das mit kleinen Brüdern. Sie bekommen getragene Klamotten, dafür weniger Aufmerksamkeit als Erstgeborene. Und haben doch meist einen Sonderstatus. So wie der kleine Park im Osten Düsseldorfs.

Ostpark, umrahmt von Wittelsbach-, Sulzbach- und Zweibrückstraße
ÖPNV: Bus 730 Haltestelle Ostparksiedlung, U73, U83, Straßenbahn 709 Haltestelle Pöhlenweg

Vom Kartoffelchip zur Kunst

25 *Eine Ausstellungshalle in den Feldern von Neuss*

Kann eine einzelne Chipslette Inspiration sein für Bleibendes, für Architektur, für einen Ort – einen Raum, der in sich ruht, der sich selbst genug ist? Ist es die Lust auf mehr, das Glutamat der Seele, die dazu motiviert, eine Hülle zu beleben, den Suchtfaktor am Leben zu erhalten? Der Bildhauer Thomas Schütte hat es einmal mehr geschafft, aus der Quelle seiner Ideen zu schöpfen. Sie auf Dauer zu formen, nämlich einen Raum zu konstruieren, der die Lust auf Kunst nicht stillt, sondern immer wieder neu entfacht. Auf einer Anhöhe, nahe Neuss-Reuschenberg, erhebt sich eine naturverbundene Raumstation. Umgeben von Kartoffelfeldern fügt sich der klare Holzbau mit dem sanft geschwungenen Dach – die Chips-Inspiration – wie selbstverständlich, wie schon immer da gewesen in die Landschaft ein. Im Frühjahr 2016 wurde dieser neue Ort für die Kunst eröffnet. Eine Skulpturenhalle, ein von Thomas Schütte initiierter und finanzierter Ausstellungsraum, der in Planung mit dem Düsseldorfer Architektenbüro Rhode, Kellermann, Wawrowsky in knapp zweijähriger Arbeit umgesetzt wurde.
Da fährt man bewusst hin, lässt sich treiben, stimuliert das Unterbewusstsein, es geschieht von ganz allein auf der entspannten Reise im Cockpit der Kunst. Von außen her begleitet einen der irdisch wohltuende Geruch geölter vertikaler Holzlamellen, die das Gebäude schützend umgeben. Pappelholz. Im Oval der Halle fühlt man sich zugleich geborgen und frei. Mittig ist ein Kabinett für kleinere Arbeiten eingebaut, eine intime Schaltzentrale. 700 Quadratmeter für Kunst in der Natur. Es wird spannend werden, wie Skulpturen hier künftig präsentiert werden. Geplant sind zwei bis drei Wechselausstellungen pro Jahr.
Wieder draußen, ein Rundumblick in das jetzt viel schönere Tal der Realität. Von weit her ist die Neusser Skihalle zu sehen, das Braunkohlewerk Jüchen und viel Grün. Wer noch weiter auf dem Trip der Kunst wandeln möchte, hat es nicht weit zur Langen Foundation oder der Insel Hombroich.

Schütte Ausstellungshalle, Lindenweg/Ecke Berger Weg, 41472 Neuss
www.thomas-schuette-stiftung.de
ÖPNV: Bus 869, 877 Haltestelle Neuss Bergerhof

26 *Fortuna – das Herz Düsseldorfs*

Wer das Wort Glück im Namen trägt, muss in dieses Buch. Auch wenn es eher um eine Zugehörigkeit, um Fußballgeschichte geht als um einen konkreten Ort. Es geht um viel Gefühl. Und manchmal eben auch Glücksgefühle. Einem Fußballverein angemessen – Fortuna Düsseldorf 1895.
Machen wir es an Orten fest: dem Flinger Broich zum Beispiel. Hier spielte der traditionsreiche Verein erstmals 1930. Gegen den SSV Oberkassel. 2:0-Sieg. Bis Anfang der 70er-Jahre war das Paul-Janes-Stadion Spielstätte, hier drängten sich die Fans auf der kleinen Tribüne. Bis das Rheinstadion 1972 dem Düsseldorfer Verein seine Pforten öffnete. Die Stadionatmosphäre potenzierte sich. Und wieder ein Spielstätten-Umzug, 2004 in die damals neu gebaute Multifunktionsarena. Hier finden bis heute die Bundesligaspiele statt.
Am Flinger Broich steht weiterhin das Clubheim. Seit 2012 heißt es „Toni Turek-Haus", benannt nach Fortunas Weltmeistertorhüter von 1954. Hier ist die Geschäftsstelle untergebracht, von hier wird verwaltet und geplant. Und hier steht der Fanartikel-Shop. Sämtliche Fortuna-Teams trainieren auf dem weitläufigen Gelände. Manchmal kommt hoher Besuch an der alten Bezirkssportanlage vorbei, kurz nach der WM zum Beispiel nutzte das DFB-Team die Rasenflächen zum Trainieren vor einem Testspiel. Jogi und seine Jungs, bestaunt von Fans.
Ein Glückskind per se ist die Fortuna nicht. Dafür ist ihr Auf und Ab in den Bundesligatabellen zu ausgeprägt. Erste bis vierte Liga, alles schon gehabt. Ein wahrer Fan ist, wer zu seinem Verein steht, auch wenn es bescheiden läuft. FC Bayern im Kinderzimmer, das kann jeder. Verlieren will gelernt sein.
Umso schöner ist es doch dann, auch mal zu gewinnen. Aufzusteigen. Oder einfach nur vor dem Abstieg bewahrt zu sein. Wenn bei besonderen Anlässen das Tote-Hosen-Lied „An Tagen wie diesen" in der Arena erschallt, da können auch hartgesottenen Fußballfans schon mal die Tränen kommen – vor Glück.

Fortuna Düsseldorf, Toni-Turek-Haus, Flinger Broich 87, 40235 Düsseldorf, Tel. (02 11) 23 80 10
www.f95.de
ÖPNV: Bus 738 Haltestelle Fortunaplatz

← Block
A+B
Löschwasser
Entnahmestelle

Ein Platz unter Kastanien

27 *Rheinromantik im Biergarten Burghof*

Die Nachbarschaft ist historisch, der Ausblick urlaubswürdig, der Romantikfaktor hoch. Einen Platz im Schatten der altehrwürdigen Kastanien will man so schnell nicht mehr verlassen. Besonders nach Radtour oder Spaziergang, die einen an das dem Kaiserswerther Ortskern vorgelagerte Rheinufer führten. Direkt neben der Kaiserpfalz, erhöht über dem Rheinweg und gestützt von einer hohen Mauer, liegt der Biergarten der Galerie Burghof.

Der eigentliche Burghof ist aus dem Jahr 1872. So steht es eingemeißelt an der Hauswand des Restaurant-Gebäudes. Die umfangreichere Speisekarte und der schwere Rotwein der Burghof Galerie sollen den kühleren Abenden vorbehalten sein. Solange das Wetter mild genug ist, ist man im Biergarten dem Rhein und der Romantik näher.

Seit vielen Jahren machen Wanderer und Flaneure, Kaiserswerther und Düsseldorfer im Schatten der Bäume halt. An frühere Zeiten erinnert ein Oldtimer am Eingang des Biergartens. Die in unmittelbarer Nachbarschaft gelegene Kaiserpfalz ist durch Bäume verborgen, doch sollte man einen Abstecher zu den Überresten der Festung von Kaiser Friedrich Barbarossa einplanen. Der Stadtteil Kaiserswerth im Norden der Landeshauptstadt trägt die Erinnerung an kaiserliche Verbindungen in seinem Namen.

TIPP Wenn es kühler wird, hat auch der Wintergarten Rheinblick.

An einem sonnigen Sonntag ist nicht nur die Ruine mit Besuchern übervölkert, auch an den Holzgarnituren aus echten Baumstämmen im Biergarten ist der Trubel groß. Vielleicht ist ja mal in der Woche Zeit, hier vorbeizuschauen. Auf einen Kaffee oder ein Bier, auf einen Salat oder ein Steak. Dann lässt sich der Rheinblick in ruhigerer Stimmung genießen. Lastschiffe ziehen vorüber. Der Campingplatz auf der anderen Flussseite versprüht Freizeitcharme. Und irgendwann versinkt die Sonne hinter Meerbusch und Krefeld.

Galerie Burghof, Burgallee 1, 40489 Düsseldorf, Tel. (02 11) 40 14 23
www.galerie-burghof.de
ÖPNV: U79, Bus 728, 751 Haltestelle Klemensplatz

Schwarze Versuchung

28 *Ein Lakritzstand neben Obst und Gemüse*

Es ist natürlich kein Schreibfehler, das „d" im Logo des schwarz-edlen Lakritz-Standes mit der großen Fensterfront. Lakrids heißt die dunkle Köstlichkeit in Dänemark. Und hier kommt sie auch her, meist in kugeliger Form. Mit Lakritz-Schnecken und Salmiak-Pastillen haben diese skandinavischen Süßigkeiten wenig gemein. Rein optisch erinnern sie an Badekugeln. Eigentlich bin ich kein Fan von Lakritz. Aber die dänischen Kugeln, die man beim Standbesuch zum Probieren angeboten bekommt, sind nicht nur toll verpackt, sondern schmecken durchaus auch Lakritz-Skeptikern.

Reinbeißen oder langsam lutschen – das bleibt Genusstypfrage. Schokolade umrahmt einen weichen Lakritzkern. Diese Kombination in den unterschiedlichsten Varianten ist eine Besonderheit der dänischen Süßholzwurzelverarbeiter. Das Sortiment ist klar unterteilt in Nummern und Buchstaben. 1 bis 5 sind Varianten für Puristen. Lakritz in verschiedener Konsistenz, wahlweise mit einem Hauch Anis, Salz, Frucht, Chili oder sehr viel Chili mit Cranberry. Die Buchstaben dagegen stehen für diverse Schoko-Lakritz-Kombinationen, ergänzt durch Sondereditionen wie zum Beispiel „Summer" und „Love". Da schmiegt sich weiße Schoko mit Pfirsicharoma um süße Lakritz oder schwarze Johannisbeere fügt fruchtigen Geschmack hinzu. Da ummantelt Lakritzstaub und ein Hauch Meersalz belgische Milchschokolade. Da ist Lakritz mit dunkler Schokolade und gemahlenen Arabica-Kaffeebohnen überzogen. Die edlen Dosen mit dem goldenen Deckel gibt es in unterschiedlichen Größen. Außerdem zu haben: Lakritz als Pulver, Sirup und Drops. Zum Kochen. Wer nicht weiß, wie das geht, nimmt einfach ein paar Rezeptkarten mit. Die stylischen Food-Fotos lassen erahnen, dass man mit Lakritz noch viel mehr Leckeres zaubern kann. Der „Lakrids"-Stand auf dem Carlsplatz inmitten der Altstadt: ein Glücksort für Liebhaber der schwarzen Magie aus Süßholzwurzelextrakt – und für Neugierige, die gerne Neues ausprobieren.

TIPP **Genug Zeit mitbringen, um über den Markt zu schlendern.**

Lakrids, Carlsplatz 26, 40213 Düsseldorf, www.lakrids.de
ÖPNV: U70, U71, U72, U73, U74, U75, U76, U77, U78, U79, U83 Haltestelle Heinrich-Heine-Allee

LAKRIDS
LOVE
RASPBERRY CHOC
COATED CHILI LIQUORICE

Ein Tempel in Niederkassel

29 *Das EKO-Haus vermittelt japanische Kultur*

Düsseldorf hat nach London und Paris die drittgrößte japanische Gemeinde Europas. Knapp 7.000 Japaner leben hier. Firmen aus Fernost siedelten sich in und um die Landeshauptstadt an, bereits im 19. Jahrhundert gab es erste Handelsbeziehungen. Klein-Tokio am Rhein. Einblicke in die japanische Lebensweise bekommt man nicht nur rund um die Immermannstraße in der Innenstadt, wo japanische Geschäfte und Restaurants das Straßenbild prägen, sondern auch beim Japantag, der einmal im Jahr bis zu einer Million Besucher lockt, Tradition und Moderne des Landes aus Fernost kennenzulernen. Hier sticht besonders die knallige, bunte Jugendkulturszene Japans mit Mangas und Anime im Straßenbild hervor.

Ein konstanter Pol in der japanischen Kulturvermittlung ist das EKO-Haus. „Sanfter Glanz“, „schenkendes Licht“, das ist die schöne Bedeutung, die hinter den beiden Schriftzeichen E-KO steckt. 1993 wurde das japanische Kulturzentrum mit Garten und Tempel im linksrheinischen Niederkassel eröffnet.

Angenehm schlicht ist die japanische Gartengestaltung gehalten. Ruhe strahlt sie in ihrer Klarheit aus. Seerosen treiben auf dem Teichwasser, eine kleine Brücke schwingt sich zum Haupthaus hinauf. Links daneben ein Glockenturm, dahinter erhebt sich der Tempel. Er ist in seiner Form einzigartig in Europa und wird aktiv für buddhistische Andachten und Feste genutzt. Gold ist die vorherrschende Gestaltungsfarbe im Altarbereich. Über der Schranke zum Altarraum finden sich auch die beiden Schriftzeichen E-KO, die dem Kulturzentrum seinen Namen geben. Den Tempel kann man besichtigen, ebenso ein japanisches Holzhaus im traditionellen Baustil. Schlichte Matten auf dem Boden, spartanischer Pragmatismus in der Einrichtung, ausgeklügelte Architektur auf kleinem Raum. Und auch ein wenig Glück lässt sich mitnehmen aus der japanischen Welt. In einem Körbchen am Tempelausgang liegen Papiervögel in Origami-Falttechnik. Kraniche gelten in der japanischen Kultur als Symbol für Glück und langes Leben.

TIPP **Bei einer Teezeremonie Einblicke in Praxis und Bedeutung japanischer Kultur bekommen.**

EKO-Haus, Brüggener Weg 6, 40547 Düsseldorf, Tel. (02 11) 5 77 91 80
www.eko-haus.de

ÖPNV: Bus 828, 834, 836 Haltestelle Niederkasseler Kirchweg

Natur pur im Schwimmbecken

30 *Naturfreibad Mettmann kommt ohne Chemie aus*

Zartgrünlich schimmert das Wasser. Es ist klar und erfrischend kühl. Umgeben von Bäumen und Wiese liegt es in der Sonne. Was klingt wie ein idyllischer Waldsee, ist ein Schwimmbecken. Im Naturfreibad Mettmann fühlt man sich an einen Badesee erinnert, sogar die beiden Sprungtürme in Felsenoptik sind mit Pflanzen bewachsen und fügen sich harmonisch in das etwas andere Freibadambiente ein. Chlor und Chemie gibt es hier nicht, dafür Schilf, Holzstege und feinen Sand.

Beim 2005 fertiggestellten Neubau wurde das Schwimmbad nach ökologischen Gesichtspunkten konzipiert. Ein Schwerpunkt: die Wasserreinigung auf biologischer Basis. Dafür wird das Schwimmbadwasser über Pumpen in fünf Filtrationsbecken geleitet und dort mithilfe von speziell geschichteten Wasserpflanzen gereinigt. In den flachen Becken kann es sich bei Sonnenschein auch ein wenig aufwärmen, denn das Wasser wird nicht beheizt. Die 20 Grad erinnern dann auch eher an Atlantiktemperaturen oder Nordseewasser, sind aber gerade an heißen Tagen wunderbar erfrischend. Und wenn das Wasser doch zu kalt wird, kann man sich auf die Wiese legen und den Wolken beim Wandern zuschauen. Oder auf dem Holzsteg sitzen und die Beine ins Wasser baumeln lassen. Oder sich in einen Strandkorb zurückziehen und die Zehen im Sand vergraben. Denn am Rand des Nichtschwimmerbereichs lockt Strandfeeling. Die Flachwasserzone punktet mit feinem Sand am und im Wasser. Ein Hauch von Südsee im Bergischen Land.

Auch wenn die Anfahrt aus Düsseldorf eine gute halbe Stunde dauert, ist das Naturfreibad eine schöne Alternative zu den städtischen Freibädern. Das schimmernde Wassergrün kommt übrigens durch mikroskopisch kleine Algen. Manchmal ist der Beckenboden dadurch ein wenig rutschig. Einmal die Woche werden sie aus dem Becken entfernt und abgesaugt, damit sie nicht überhandnehmen. Und nach der Winterpause, bei der Grundreinigung, kommt Zentimeter für Zentimeter der Hochdruckreiniger zum Einsatz, auch hier keine Chemie.

Naturfreibad, Böttingerweg 21, 40822 Mettmann, Tel. (0 21 04) 23 49 36
www.mettmann.de/naturfreibad
ÖPNV: RegioBahn S28 Haltestelle Mettmann Stadtwald

Düsseldorfs Boulevard

31 *Die Kö – eine Straße mit Weltruf*

Zum Glück in Düsseldorf gehört das Shopping-Glück einfach dazu. So wie die Kö, die verniedlichte Bezeichnung der bekanntesten Straße der Stadt, in der Außenwirkung Düsseldorfs unschlagbar ist. Bis nach Dubai, Paris und Moskau ist die luxuriöse Einkaufsmeile bekannt. Dior, Prada, Gucci – Namen, die Normalverdienende allenfalls mit einem Sonnenbrillenmodell verbinden – zieren hier aufwendig gestaltete Schaufensterfronten. Gucken, staunen, weiterziehen. Oder sich auch mal reinwagen und Handtaschen und Mode von Nahem bewundern. Die Dichte an ohrknopftragenden Türstehern im schicken Anzug ist auf dem Einkaufsboulevard die höchste der Stadt. Wo die Mode von den Laufstegen der Welt zu kaufen ist, wo Schmuck im fünfstelligen Bereich angeboten wird, ergänzt der modische Security-Mann das Shop-Team.

Einst war die Kö die östliche Stadtgrenze. Angelegt wurde sie vor mehr als 200 Jahren. Damals hieß sie noch Kastanienallee. Doch dann, 1848, kam königlicher Besuch. Friedrich Wilhelm IV. von Preußen besuchte die Stadt und wurde von aufgebrachten Bürgern wenig königlich mit Pferdeäpfeln empfangen. Um den Monarchen danach milde zu stimmen, beschlossen die Stadtoberen, die kurzzeitige Skandalstraße in Königsallee umzubenennen.

TIPP Pause machen auf einer Bank am historischen Stadtgraben – Baumallee, Brücken und Brunnen bewundern.

Nicht alles ist Luxus auf der Kö. Eine Mischung aus Einzelhandel, Gastronomie, Modeketten und Luxuslabels prägt den Shopping-Boulevard heute. Königliche Preise kann schließlich nicht jeder zahlen. Aber spätestens bei Sevens, wo unter anderem Desigual, Lindt, Pandora und auf vier Etagen Saturn vertreten ist und sich im Untergeschoss eine internationale Mischung aus Essensmöglichkeiten befindet, wandelt sich Schaufenstergucken in Shopping-Praxis. Und außerdem: Vielleicht ist das ja mehr Glück als die 3000 Euro teure Handtasche – einen Cappuccino im Straßencafé genießen, modische Shopping-Prinzessinnen bestaunen. Vielleicht schlendert ein Fußball-Promi vorüber. Vielleicht braust ein Lamborghini um die Ecke. Oder vielleicht scheint einfach nur die Sonne.

Königsallee, 40212 Düsseldorf, www.koenigsallee-duesseldorf.de
ÖPNV: U70, U74, U75, U76, U77, U78, U79, Straßenbahn 701, 705, 706 Haltestelle Steinstraße/Königsallee

Kunstort der Besinnung

32 *Die Krypta in der Robert Schumann Hochschule*

Das Besondere an diesem Ort ist, dass er sehr versteckt liegt und wenige ihn kennen. Ortet man eine Krypta üblicherweise in Kirchen, befindet sich diese unterhalb des Partika-Konzertsaales der Robert Schumann Hochschule für Musik in Golzheim. Man muss eine schmale Treppe hinabsteigen, an Heizungskeller und Betonwänden vorbei und in dem diffusen Untergeschoss des großen Gebäudes die richtig schwere Stahltür öffnen. Dann präsentiert sich eine verborgene bunte Welt. Unerwartet, auch wenn man sie bewusst aufsucht, ist der Besuch doch nur nach Absprache möglich.

Beuys-Schüler Emil Schult hatte die Krypta Anfang der 90er-Jahre entworfen und in einem privat finanzierten Kunstprojekt über mehrere Jahre hinweg gestaltet. Bestimmend ist die aufwendige Hinterglasmalerei, die überbordende Symbolik und Farbenpracht. Das ist kein schlichter Raum der Stille mit strenger Ausgestaltung, die dem Auge Ruhe gönnt. Das ist ein farbenprächtiger Rausch, dem gestresste Sinne erliegen und vielleicht gerade dadurch zur Ruhe kommen, weil dann eben kein Platz ist für all die anderen Gedanken, die immer wieder vorbeiziehen wollen. Dem Stifter Friedrich-Wilhelm Hempel, einem Düsseldorfer Unternehmer, war es wichtig, dass der Andachtsraum überkonfessionell gehalten ist. So kann das zartblau leuchtende Kreuz, auch dieses eine Hinterglasmalerei, an einer der acht Wände des ungewöhnlich geschnittenen Raumes hinter goldenen Schiebewänden verborgen werden. Die Symbolik der Farben, der Zahlen, der Abbildungen erschließt sich in Gänze nur durch eine Führung, die der Künstler selbst durchführt.

Mehrere abstrakte Einzelkunstwerke formen sich zu einem farbenfrohen Raumkunstwerk. An der Decke erstreckt sich der Planetenhimmel. Linker Hand strahlt die Sonne in bunten Farben, ein Regenbogen mit Symbolbildern umspannt das Ganze. Ein Bezug nicht nur zu Übersinnlichem, auch zur Musik, ist der Regenbogen. Ein Notensystem mit fünf Linien, und die Bilder darauf können als Noten gelesen werden.

Robert Schumann Hochschule, Fischerstraße 110, 40476 Düsseldorf, www.rsh-duesseldorf.de, Führungen vereinbaren unter Tel. (01 72) 2 00 86 10

ÖPNV: U78, U79 Haltestelle Kennedydamm

33 *Das Crystall: Gastronomie und Concept Store*

Mode anprobieren und einen Salat essen, ein Geschenk aussuchen und den Cappuccino beim Zeitunglesen genießen, ohne Zeitdruck shoppen und den Partner bei Snack und Weißwein wissen – verschiedene Varianten sind möglich im „Chrystall" und machen den besonderen Reiz dieses Concept Stores mit integriertem Restaurant an der Flurstraße aus. Eine gelungene Kombination aus Shopping und Gastronomie steckt hinter dem Konzept, das Namensgeberin und Inhaberin Simone Chrystall nun mit einer zweiten Location umgesetzt hat. Der erste Store am Fürstenplatz läuft seit Herbst 2013, der im Flingeraner Kiez kam ein knappes Jahr später dazu.

Vintage nennt man es ja, wenn Möbel alt sind, aber nicht antiquiert wirken sollen, sondern hip und cool. So wie die abgewetzte beige Ledergarnitur – reinsinken und den Alltag vergessen –, ein Mittelpunkt des Restaurants „Chrystall bar & kitchen", das ansonsten mit schlichten Holztischen und Stühlen punktet, von denen an einem Tisch nicht vier gleiche stehen. Die vier Meter hohen Decken und die alten Loft-Fenster passen zum Vintage-Look wie die Blümchentapete und die Backsteinwand. Eine offene Küche neben der Bar bringt besonders abends Cooking-Feeling ins Spiel. Die Karte klingt ausgesucht und lecker. Abends gibt es gar Seeteufelfilet und Entrecote, aber auch schlichtes, leckeres Abendbrot. Tagsüber hat man die Wahl zwischen Hühnchencurry-Risotto, Melonen-Schafskäsesalat, Merguez auf Bohnensalat und einigem mehr.

TIPP

Im Chrystall am Fürstenplatz begann die Gastro-Concept-Store-Geschichte.

Der Laden im hinteren Bereich nimmt etwa ein Drittel der 300 Quadratmeter großen Fläche ein. Hier lässt es sich schlendern, gucken, anprobieren. Mainstream-Marken sind nicht vertreten. Dafür ausgesuchte Kleidung und Schuhe. Die Mode: cooler Schick. Die Kindersachen: etwas teuer, aber nicht weniger cool. Die Accessoires: ausgefallen. Auch Möbel und Deko sind zu haben. Und bei dem ausgesuchten Modeschmuck findet sich doch tatsächlich ein zartes Glücksband.

Chrystall, Flurstraße 74, 40233 Düsseldorf, Tel. (02 11) 93 67 96 74, www.chrystall.com

ÖPNV: Straßenbahn 709 Haltestelle Hoffeldstraße

MID
SEASON
SALE

Wasser und Wind

34 *Mit der Fähre von Urdenbach nach Zons*

„Wie auf dem Sonnendeck der Aida", meint der Fährkassierer schmunzelnd. Einen Platz in der Sonne habe ich schnell gefunden, nachdem das Auto geparkt und die Handbremse vorschriftsmäßig gezogen ist. Jetzt für ein paar Minuten am Geländer lehnen, den Wind um die Nase spüren und die Sonnenstrahlen genießen – das funktioniert auch auf der Fähre „Niederrhein". Den Rhein vom Wasser aus betrachten. Stromauf, stromab. Ein paar Minuten Mini-Kreuzfahrt.

Zwischen Urdenbach und Zons besteht seit dem 14. Jahrhundert eine Fährverbindung. Damals hatte ein gewaltiges Hochwasser den heutigen Flussverlauf gegraben und die beiden Rheinseiten getrennt, die zuvor eins gewesen waren. Heute ist die nächste Brücke einige Kilometer entfernt, und so nutzen Berufspendler, Ausflügler, Radfahrer und Wanderer die Überfahrt über den Rhein. Etwa 200.000 sind das pro Jahr. Die Überfahrtsstrecke liegt auf Rheinkilometer 718. So viele Kilometer hat der Rhein seit Konstanz nun schon zurückgelegt. Die Fähre verbindet den Düsseldorfer Stadtteil Urdenbach mit dem zur Stadt Dormagen zählenden Zons. Auf der rechtsrheinischen Seite liegt die Ablegestelle am Rand der Urdenbacher Kämpe, dem 316 Hektar großen Naturschutzgebiet mit Auenlandschaft. Linksrheinisch ist Zons nicht weit. Mit dem Fahrrad eine schöne Ausflugstour.

TIPP Rechtsrheinisch ins Ausflugslokal Haus Anleger oder in Zons den historischen Ortskern besichtigen.

Die Niederrheinfähre überquert den Rhein wochentags ab 6.15 Uhr in der Früh. Am Wochenende herrscht bei schönem Wetter Hochbetrieb, aber auch unter der Woche zieht die Fähre regelmäßig von Ufer zu Ufer. Stets den Schiffsverkehr im Blick, denn die großen Schiffe, die den Rhein zur Bundeswasserstraße machen, haben einen Bremsweg von etwa einem Kilometer. Da ist die „Niederrhein" schneller gestoppt. Vom Wasser aus betrachtet wirkt der Himmel weiter. Offener. Wolken ziehen vorbei. Sanft sind Wellen zu spüren. Sachte gleitet die Fähre dem anderen Ufer entgegen. Ein kleines Gefühl von Freiheit macht sich breit.

Fähre Zons, Am Ausleger, 40593 Düsseldorf, www.faehre-zons.de
ÖPNV: Bus 788 Haltestelle Monheim Haus Bürgel

Genusswelt Backstube

35 *Traditionsbäckerei in Düsseldorfs Altstadt*

Im Schaufenster stapeln sich die Brote, in Viererreihe stehen die Kunden vor der Theke, manchmal bis zur Tür. Irgendwie kommt man immer nach vorn in diesem geordneten Einkaufschaos. Das Schöne: Man wird trotz Kundenandrang und manch ungeduldig Wartendem von einer der bis zu zwanzig Verkäuferinnen stets freundlich bedient. Die Bäckerei Hinkel in der Düsseldorfer Altstadt hat Kultstatus bei Jung und Alt. Seltene Besucher nehmen eine volle Tüte Brotvorrat mit. Die, die öfter kommen, beschränken sich wahlweise auf würziges Vinschgauer, französisches Landbrot oder krustiges Elsässer, probieren aus den rund siebzig, je nach Geschmack. Hier duftet das Brot noch nach Brot, hier schmeckt das Brot.

Josef Hinkel, der den Familienbetrieb in vierter Generation am Florieren hält, ist Bäcker aus Leidenschaft. In der Hinkel-Backstube wird mit moderner Ausstattung traditionsbewusst gearbeitet. Er selbst sieht sich als Handwerksbäcker wie sein Uropa. Bereits mit 14 Jahren stand er im Laden, heute beschäftigt er neunzig Mitarbeiter. Rund 4000 Brote gehen jeden Tag über die Theken seiner beiden Geschäfte.

Der Kontakt zum Kunden ist Josef Hinkel wichtig. Jeden Tag versucht er selbst hinter der Verkaufstheke zu stehen. Dann blinkt sein weißes Bäckerschiffchen auf dem Kopf schon von Weitem, dann freuen sich Kunden über sein strahlendes Lächeln und die lockeren Sprüche. Bedient vom Bäckermeister selbst, da werden die Hinkelsteinchen, die knusprigen Roggenbrötchen, noch besser schmecken. „Läwe on läwe losse." Ein Motto, das Josef Hinkel im Umgang mit Mitarbeitern und Kunden vornan stellt. Und das sich in seiner Gelassenheit im größten Stress widerspiegelt.

Nach einem Einkauf bei dem Düsseldorfer Traditionsbäcker wird schnell klar: Frisches Brot mit Butter kann ein Genuss sein. Das mag sich auch der „Medica"-Besucher aus Mexiko denken, der jedes Jahr mit einem leeren Koffer vorbeikommt und mit viel, sehr viel Brot wieder nach Hause fliegt.

Bäckerei Hinkel, Hohe Straße 31, 40213 Düsseldorf, www.baeckerei-hinkel.de
ÖPNV: U71, U72, U73, U83 Haltestelle Benrather Straße

HINKEL

Unterirdische Kunst

36 *Art und Architektur der Wehrhahnlinie*

Wenn man zu den unzähligen Fahrgästen gehört, die täglich die Verbindung zwischen Wehrhahn und Bilk nutzen und quer durch Düsseldorf fahren, mag man sich schnell gewöhnen an die helle, großzügige Architektur und die künstlerische Gestaltung der sechs Stationen. Bei jeder aussteigen sollte man jedoch bei seiner persönlichen Jungfernfahrt. Der im Untergrund versteckte Kunstparcours lohnt sich.
Dahinter steckt der Grundgedanke, dass ein Kontinuum alle Stationen verbindet, Wege, die sich über die gesamte Streckenführung von 3,4 Kilometern ziehen und sich in den künstlerischen Arbeiten wiederfinden. Am Startpunkt Pempelforter Straße zum Beispiel. Am Boden, an den Wänden, an der Decke vermittelt ein schwarz-weißes geometrisches Muster das Gefühl, dass alles in Bewegung ist.
Verbindendes Element zwischen den Stationen ist auch die Wandgestaltung mit heller, glatter Oberfläche und eingeritzten Rauten, eine dem Sicherheitsmuster des Reisepasses nachempfundene Gestaltung. Imposant die interaktive Videoarbeit an der Schadowstraße. Zwölf Monitore hängen über dem Eingang zum U-Bahn-Tunnel. Darauf eine verfremdete Liveaufnahme der Außenwelt. Radfahrer, Müllauto, Fußgänger bewegen sich über die Leinwand und ziehen Farbschweife hinter sich her. Grafische Elemente sorgen auch hier für Vernetzung. An der Benrather Straße geht es ins All, vielmehr in eine kühle Raumstation mit Edelstahl an Wänden und Decken. Die Rolltreppe hinauf, oben dann Monitorwände mit Himmelsbezug. Das dunkle Weltall mit unzähligen Sternen. Grün herrscht an der Graf-Adolf-Straße vor, schwarze Farbgebung hinterlässt als bewegendes Element Strukturen, wie sie Billardkugeln hinter sich her ziehen. Am Kirchplatz sind es plastische rote Linien an Decken und Wänden, vereinzelt sind Worte wie „Bewegung" zu erkennen. Kunst im öffentlichen Raum. Eine Bereicherung. Üblicherweise zieht es den U-Bahn-Fahrgast schnell gen Frischluft und Tageslicht. In den unterirdischen Bahnhöfen der Wehrhahnlinie mag man länger verweilen.

TIPP

Eine Führung durch die U-Bahnhöfe. Infos und Termine beim Kulturamt der Stadt.

U-Bahnhöfe der Wehrhahnlinie, www.wehrhahnlinie-duesseldorf.de
ÖPNV: U71, U72, U73, U83

Kein Zugang
U71 U72 U73 U83
Bahnsteig 2
Universität Volmerswerth
Benrath

Die Suche nach dem Büffel

37 *Rund um das Neandertaler Wildgehege*

Bei der Büffeljagd braucht man Ausdauer und geeignete Ausstattung. Beim Ausspähen von Wisent, Auerochse und Tarpant im Neandertal reicht es, dem Rundweg um das Wildgehege zu folgen. Doch Geduld braucht es dennoch, um die menschenscheuen Tiere in dem weitläufigen Gehege zu entdecken. Schon kurz hinter dem Parkplatz Natur pur. Erstes Eintauchen ins Grün des dichten Laubwaldes. Vogelzwitschern und Blätterspiel. Im Neandertal, wo der Mensch lebte, dessen Fund die Forschung vorantrieb und den Namen dieser Gegend bei Mettmann weltberühmt machte, wurde 1935 ein eiszeitliches Wildgehege angelegt. 23 Hektar mit Tieren, die einst zur Jagdbeute zählten. Heute leben rund dreißig Tiere frei im weiträumigen Gehege innerhalb des Naturschutzgebietes. Nach den ersten zwanzig Minuten hoch hinauf erstreckt sich der Blick in die Ferne. Und hinten am Waldrand stehen die Tiere, die man eher in einer amerikanischen Prärielandschaft erwarten würde oder eben zu Zeiten des Neandertalers. Die Aussichtsplattform des Naturschutzvereins Neandertal ist genau am richtigen Platz – Treffpunkt für Fotografen, Ruhepunkt für Wanderer.

TIPP Im Neanderthal Museum (in historischer Schreibweise mit „th") mehr über unsere Vorfahren erfahren.

Weiter geht es auf dem Rundweg. Hier grüßt man Entgegenkommende wie beim Wandern im Urlaubsort, hier flattern Schmetterlinge, hier ist die Verbindung zur Frühzeit ein klein wenig spürbar. Eine Steigung, die nächste Biegung, und da sind wieder welche. Am Rand der Butterblumenwiese grast eine Gruppe Auerochsen im Schatten unter Eichen. Man staunt. Und erahnt die Weichheit des dichten Fells, spürt Gelassenheit und gewollte Distanz. Büffel leben nun mal nicht im Streichelzoo.
Mal geht es fast hundert Holzstufen empor, mal steil hinunter, mal nah an Feldern, schließlich entlang der Düssel. Eineinhalb Stunden braucht es für den Rundweg. Pausen auf einer der Bänke am Wegrand nicht mitgezählt. Auch die tragen zum Glücksgefühl des wandernden Großstädters bei. Den Blick in der Weite entspannen, die Ohren entlärmen und vielleicht einen Büffel entdecken.

Wildgehege Neandertal, Parkplatz Talstraße 300, 40822 Mettmann
www.wildgehege-neandertal.de
ÖPNV: Bus 741, 743 Haltestelle Neanderthal Museum, RegioBahn S28, Bahnhof Neanderthal

Frühstück im feinsten Flair

38 *Ein erhebender Besuch im De-Medici-Hotel*

Gehst du durch diese Glastür, kommst du in eine andere Welt. Eine reich verzierte Kassettendecke mit goldener Stuckornamentik spannt sich über den großzügigen Eingangsbereich. Purpurrote Samtsessel gruppieren sich um einen hohen Kamin. Mit ernster Strenge blicken Adelige und Geistliche von den Wänden. Die Renaissance-Malerei wird aufgelockert durch moderne Sitzensembles in weißem Leder. Noble Hotels gibt es einige in Düsseldorf, doch das 2015 eröffnete De Medici in der Altstadt ist etwas ganz Besonderes. Zeit zum Umschauen bitte mitbringen. In der Lobby verweilen und sich mental nach Florenz beamen. Doch eigentlich wollten wir ja hier frühstücken. Vorher noch den Kurhut von Jan Wellem besichtigen. Hinter schützendem Glas präsentiert sich eine prachtvolle Rekonstruktion. Der Frau des Kurfürsten Johann Wilhelm II. – Anna Maria Luisa Medici – ist das Hotel gewidmet. Die Geschichte des Gebäudes, einst Kloster, geht bis ins 17. Jahrhundert zurück. Für das Frühstücksambiente – auch für Nicht-Hotelgäste – stehen zwei Stilrichtungen zur Auswahl. Ein moderner Raum mit Licht spendender Glasdecke. Eine Wand ist bis unter die Decke bepflanzt, auf der anderen erstreckt sich als Farbspiel ein stilisierter Sonnenaufgang. Im anderen Raum herrscht elegante Gemütlichkeit. Lüsterweibchen-Lampen schweben von der Decke. Renaissancekunst auch hier. Ein netter Bezug: Das Porträt eines Mundschenks ist über dem im Eiskübel angebotenen Sekt platziert. Doch vor dem Sekt heißt es Stärkung. Das Büfett bietet alles, was ein brunchverwöhntes Herz begehrt. Ob gefüllte Lachshäppchen oder Hummus, hausgemachte Smoothies oder Ingwerwasser, japanische Miso-Suppe oder weiße Schokocreme, Obstsalat oder Hähnchenspieß – schnell wird das Frühstück hier zur wichtigsten Mahlzeit des Tages.

TIPP An ausgewählten Sonntagen wird Wiener Kaffeehauskultur angeboten.

Sanft gleitet die Glastür auseinander. Gestärkt und mental ein wenig erhabener geht es wieder hinaus in die Welt, vorbei an den plätschernden Fontänen des Springbrunnens und vorbei an der benachbarten Andreaskirche.

Derag Livinghotel De Medici, Mühlenstraße 31, 40213 Düsseldorf, Tel. (02 11) 16 09 20
ÖPNV: U70, U71, U72, U73, U74, U75, U76, U77, U78, U79, U83 Haltestelle Heinrich-Heine-Allee

Gesteine mit Geschichte

39 *Die Frauensteine im Aaper Wald*

Glaube versetzt bekanntlich Berge. Und Mystik deutet Orte um. Auf einer Anhöhe des Aaper Waldes kann die Fantasie schon einmal mit einem durchgehen. Bevor man die sagenumwobenen Frauensteine besucht, wandert man am besten zuvor einige Kilometer durch den Wald. Dann steigt die Empfänglichkeit, das Sendungsbewusstsein ist geschärfter für Unerwartetes. Relativ unscheinbar ist der Ort. Aber darum geht es nicht. Für die einen ist es ein Ort der Kraft, mit eigenem Zauber. Für die anderen eine schöne Sitzgelegenheit zum Verweilen, um in die Baumkronen zu schauen. Empfangen werden alle von einem grün bemoosten Grabstein, auf dem „Frauensteine“ steht. Der Blick schweift über anscheinend beliebig – aber wer weiß das schon – verteilte Felsbrocken.
Einer Legende nach – es gibt insgesamt drei – wurden sieben Frauen nach einem Gerichtsspruch in Stein verwandelt. Komischerweise zähle ich bis zu 30 Steine. Leider gibt es keine archäologischen Funde, die eine der drei Sagen andeutungsweise beweisen oder ob es sich überhaupt um eine Kultstätte handelt. Aber ist das so wichtig? Das Gegenteil ist schließlich auch nicht bewiesen. Und wer offen und sensibel genug ist für alles Unerklärliche, der kann hier bestimmt einen beseelten Augenblick verbringen.
Wen das interessiert, hier noch ein paar wissenschaftliche Details, die ich natürlich ganz schnell wieder vergessen habe. Möchten Sie den Ort unbedarft entdecken, dann beachten Sie bitte keinesfalls das Hinweisschild vor Ort und hören Sie jetzt auf weiterzulesen.
Die Hügel des Aaper und Grafenberger Waldes bestehen aus Meeressedimenten, die in der Braunkohlezeit vor etwa 35 Millionen Jahren abgelagert wurden. Als sich das Meer schließlich zurückgezogen hatte, wurde dies Festland. Durch dann folgende chemische Prozesse in den oberen Bodenschichten entstand festes Gestein. Solch größere Gesteinsbrocken sind bis heute hier im Aaper Wald zu finden.
Übrigens, ich weiß es noch genau. In der Nacht nach dem ersten Aufenthalt bei den Frauensteinen habe ich sehr eigentümlich geträumt.

Frauensteine, Grütersaaperweg, 40472 Düsseldorf
ÖPNV: Bus 733 Haltestelle In der Flieth

Wurf, Schuss, Bewegung

40 *Arena-Sportpark hinter dem Stadion*

Sie kommen aus Lohausen und Lörick, Bilk und Derendorf. Verabreden sich über WhatsApp. Mal spontan, mal längerfristig. Hauptsache Sport. Und Hauptsache nicht allein. Wäre auch schwierig als Hobbybasketballer oder Fußballspieler. Auf den Sportplätzen hinter der ESPRIT arena treffen sich Sportbegeisterte, für die feste Vereinsstrukturen und -zeiten einengend oder wenig praktikabel sind oder die zusätzlich noch etwas machen wollen, die aber auf jeden Fall lieber in einer Mannschaft spielen, als sich alleine der Fitnessfreude hinzugeben. So wie Christin, Moritz und Fabio. Bislang sind sie nur zu dritt, die anderen kommen an diesem Nachmittag etwas später. Nach Schule und Arbeit zieht es sie nach draußen. Zum Auspowern, an die Luft. Jetzt dribbeln sie sich warm, tanzen um den Gegner, springen lässig zum Korb, um den Ball immer wieder aufs Neue in anderen Varianten hineinzubefördern.

Im Arena-Sportpark stehen 95.000 Quadratmeter zur Verfügung. Er ist damit die größte Sportanlage der Stadt Düsseldorf. Neben den parzellierten Basketball- und Fußballfeldern gibt es auch weitläufige Rasenplätze. Mit etwas Glück sieht man hier Fortuna-Spieler trainieren. Vielleicht die echte Bundesligamannschaft, vielleicht die U19. Auch andere Vereine wie die Düsseldorfer Panther oder der Athletik-Sport-Club nutzen den Sportpark. American Football wird hier genauso gespielt wie Leichtathletik trainiert. Die größte Leichtathletikhalle Düsseldorfs ergänzt die Freiflächen. Und dies alles im Schatten der großen Arena, dort, wo Bundesligaspiele stattfinden und Popkonzerte steigen.

TIPP Im nahe gelegenen Rheinbad wahlweise draußen oder drinnen schwimmen gehen.

Reizvoll ist der Arena-Sportpark besonders für Sportbegeisterte, die zu alt für den Spielplatz sind, keinen Bolzplatz um die Ecke haben und die Mannschaftssport machen wollen. Einfach vorbeischauen, bei irgendwem kann man immer mitspielen.

- **Arena-Sportpark, Am Staad 11, 40474 Düsseldorf**
- **ÖPNV: U78 Haltestelle ESPRIT arena/Messe Nord**

41 *Citykirchenprojekt Johanneskirche*

Durchatmen. Ankommen. Baustellenlärm und Verkehrsrauschen schaffen es nicht ganz, draußen zu bleiben, dafür ist die Johanneskirche zu sehr mittendrin in der City. Dennoch, schnell stellt sich innere Ruhe ein. Der Blick wandert durch den hellen Kirchenraum. Modern, angenehm puristisch gehalten, wandelt er sich zum Schutzraum. Wann war ich das letzte Mal mitten in der Woche in einer Kirche? Die Mittagssonne wirft ein sanftes Muster durch die geometrisch strukturierten Kirchenfenster. Seit dem Jahr 1994 ist die größte protestantische Kirche Düsseldorfs eine Citykirche. Das heißt: Sie ist ohne feste Gemeinde, offen für Passanten und Interessierte, für Städter und Touristen, engagiert in der Kultur, mit wechselndem, außergewöhnlichem Gottesdienstangebot. Angesichts schwindender Kirchenmitglieder und abnehmender Gemeindepräsenz sucht der Citykirchenansatz neue Wege, sieht sich als sinnstiftenden Raum in der Stadt.

Eng verbunden mit dem Gedanken der offenen Kirche ist das dem eigentlichen Kirchenraum vorgelagerte Café. Schlicht-modern im Stil senkt es die Hemmschwelle, eine Kirche zu betreten. Hier mischen sich Business-Schick und Kinderwagenmütter, ältere Ehepaare und solche, die froh sind über das Angebot für den schmalen Geldbeutel. Mittags füllt sich das Café schnell, doch es bleibt wohltuend ruhig. Lautes Stimmengewirr vermisst man ebenso wenig wie Musikuntermalung. Hinter der Theke agieren vier der vierzig Ehrenamtlichen, geben Gulasch mit Nudeln aus, machen Latte macchiato, haben ein freundliches Wort.

Zurück in den Kirchenraum. 12.05 Uhr, Gebet für die Stadt. Citypfarrer Uwe Vetter findet Worte, die Besinnung aufs Wesentliche möglich machen. Anders als etwa bei den vielbeachteten Konzerten der Johanneskantorei, bei denen der Kirchenraum bis in die Ränge gefüllt ist, kommen nur wenige zu diesem wöchentlichen Angebot. Die, die kommen, erleben einen guten Moment des Innehaltens im Alltag. Eine zehnminütige Andacht. Sich sammeln, sich selbst finden. Am Ende sind die Gedanken klarer, der Atem ruhiger und der Blick auf den Alltagsstress ein wenig friedvoller.

Johanneskirche, Martin-Luther-Platz 39, 40212 Düsseldorf, www.johanneskirche.org
ÖPNV: U70, U74, U75, U76, U77, U78, U79, Straßenbahn 701, 705, 706
Haltestelle Steinstraße/Königsallee

Bilks Wohnzimmer

42 *Das Café „Süße Erinnerung“*

Die Straßenbahn fährt in regelmäßigen Abständen vorbei, die Autos parken eng auf eng. Trotzdem ist es gemütlich vor und im Café „Süße Erinnerung“, das sich nah an den schmalen Bürgersteig schmiegt. Urban gemütlich eben. „Wohnzimmer von Bilk“ wird es im Stadtteil auch genannt. Studenten und Geschäftsleute, Nachbarn und Durchreisende, Szenebewusste, junge Mütter und Oldies treffen sich hier. Multikulti sowieso. Bilker Community eben.

Vielleicht knapp fünf Meter breit ist das kleine Café, schmal zieht es sich bis zur Theke. Eine Holzbank mit bunten Stoffkissen aus Marokko läuft an der Längsseite entlang, davor stehen vier Bistrotischchen, rosa Nelken in Bionadeflaschen sorgen für die florale Deko. Die im Boden eingelassenen, bunt gemusterten Fliesen bringen gemütlichen Charme. Von drei Seiten ist das Café verglast, eine Fassade, die an ein Aquarium erinnert. Man guckt gerne raus aufs Straßenleben, ist im geschützten Raum und doch mitten im Leben.

Früher lagerten in dem Raum Filmrollen und Plakate, das benachbarte Programmkino „Metropol“ nutzte die Fläche rein praktisch. Heute geht es hier familiär, persönlich und auch ein wenig chillig zu. Es gibt leckeren Kuchen und vegane Muffins, jeden Tag ein anderes Süppchen und eine nette, kleine Frühstücksauswahl.

Ab und an finden Aktionen und Veranstaltungen hier statt wie ein Poetry Slam oder Kleidersammeln für Flüchtlinge oder eine Feier. Die erstreckt sich dann auch mal rund ums Glashaus in den Abend hinein. Normalerweise ist nur tagsüber geöffnet, Alkohol gibt es keinen, eine Szenebar will die „Süße Erinnerung“ nicht sein.

Auf dem Weg zur Arbeit kommst du vorbei und genießt einen Cortado, diesen Espresso mit Milch, wie man ihn aus Spanien kennt. Liest eine Zeitung. Knabberst ein Croissant dazu. Plauderst mit Cafébetreiber Aki über die Reifenpanne, den Urlaub, das Leben. Warum muss ein Tag hektisch beginnen?

Süße Erinnerung, Brunnenstraße 20, 40223 Düsseldorf, www.suesse-erinnerung.de

ÖPNV: U72, S-Bahn S8, S11 Haltestelle Bilk

Café
Süße
Erinnerung
weibe kram

Posen mit Leidenschaft

43 *Besuch im tanzhaus nrw*

Die „Vogue“ kennt frau, Voguing nicht unbedingt. Die edle Mode-Zeitschrift mit den posenden Models war Namensvorbild für eine Tanzrichtung, die aus dem harten Hip-Hop der Straßenkultur eine weiche Variante formte. „Drama, drama, pose“, ruft Marie den HaDance-Beat übertönend. Kurze Anweisungen, die ihre Truppe professionell umsetzt. Kokett und etwas selbstverliebt wirbeln Hände und Arme in perfekt wirkenden Bewegungen, jeder Step sitzt, jeder Move fügt sich in die Musik. Die Choreographie: eine coole Abfolge getanzter Posen, mit Freestyle-Sequenzen, zum Austesten eigener Einfälle. „Cool, sehr cool“, die Voguing-Lehrerin ist zufrieden.

Seit drei Jahren unterrichtet die 25-jährige Marie Buchholz diese Hip-Hop-Variante im tanzhaus nrw. Voguing ist einer der 350 wöchentlichen Kurse und Workshops, die in acht Studios angeboten werden. Wo früher Straßenbahnen übernachteten und repariert wurden, ist seit 1998 der Tanz zu Hause. Das ehemalige Straßenbahndepot ist zu einem ganz besonderen Kulturort geworden. Ob klassisches Ballett oder Streetdance, Flamenco oder Kindertanz, House oder Salsa – das tanzhaus nrw ist die Adresse zum Kennen- und Liebenlernen der unterschiedlichsten Tanzrichtungen. Mehr als 3.000 Kurs- und Workshopteilnehmer pro Woche können nicht irren. Neben dem umfangreichen Kursangebot zeigt sich auch im Bühnenprogramm die Vielfalt des Hauses. Und zur „Noche de la Salsa“ mit wechselnden DJs verwandeln bis zu 500 tanzbegeisterte Besucher das tanzhaus nrw in ein lateinamerikanisches Partyhaus.

TIPP

Am Tag der offenen Tür in die Kurse reinschnuppern.

Tanzen ist Sport und Bewegung. Allein das soll ja schon glücklich machen, den Endorphinen sei Dank. Aber Tanzen ist noch viel mehr. Ausdruck und Emotion. Hineinfühlen und Aus-sich-Herausgehen. Ausprobieren und Konzentration. Sich mit der Musik treiben lassen, Freiheit spüren, den Alltag vergessen. „I wanna see you pose“, tönt es im Voguing-Beat aus den Lautsprechern. Heidis gestylte GNTM-Mädels würden weit blasser abschneiden als Maries bunt gemischte Truppe.

tanzhaus nrw, Erkrather Straße 30, 40233 Düsseldorf, www.tanzhaus-nrw.de

ÖPNV: Bus 722, 732, 738, 834, Straßenbahn 708, 709 Haltestelle Worringer Platz

Äpfel in Hülle und Fülle

44 *Das Apfelparadies in Wittlaer*

Kaiserswerth hinter sich lassend, auf der alten B 8 wehen Urlaubsgefühle heran. Bäume säumen die Straße, links Pferde, rechts Felder, der Blick hat mehr Raum, bereits beim Autofahren. In der langen Rechtskurve hinter dem Ortsausgang von Wittlaer heißt es links abbiegen. Einfach den Schildern zum Paradies folgen.

Willkommen im Apfelparadies, einem Hofladen mit angeschlossenem Café zwischen Düsseldorf und Duisburg. Wer mal Abwechslung sucht im Supermarktdschungel ist hier genau richtig. Ein ausgesuchtes Sortiment mit hauptsächlich regionalen Produkten, ergänzt durch eine Kühltheke mit Käse, Wurst und Milchprodukten in der Bioversion, Weinen, Honig, Fruchtaufstrichen und natürlich jede Menge Äpfel. Hölzerne Obstgroßkisten bis an den Rand gefüllt mit Elstar, Braeburn, Jonagold und Co. Knackig, süß oder säuerlich? Alle Sorten lassen sich probieren, geachtelte Früchte warten nur darauf. Doch gibt es nicht nur Apfel pur – diverse Apfelmusvarianten, Apfelsäfte und Apfelchips ergänzen das Angebot.

Familie Schumacher betreibt in mehr als 150 Jahren Familientradition den Großheyerhof in Tönisvorst und steht hinter dem Apfelparadies, das seit 1987 an der alten B 8 seinen Platz gefunden und 2006 sowie 2010 noch zwei Ableger in Moers und Meerbusch aufgemacht hat. Das Schöne am ersten Standort ist das Wiesencafé. Nach dem Gang durch den Hofladen sollte man unbedingt einen Zwischenstopp an der hölzernen Kaffee- und Kuchenbude einlegen. Hier gibt es Äpfel in ihrer versüßten Form als Apfelplunder, Apfelstreusel, Apfelstrudel und sogar Apfel-Käsekuchen sowie andere Verlockungen aus der Hofbäckerei.

Auf einer rundum schön bepflanzten Wiese laden Gartenstühle an kleinen Holztischen zum Verweilen ein. Ein Spielplatz sorgt für Beschäftigung der kleineren Besucher. Und mit Blick auf Apfelbaumreihen lässt sich bei einem großen Milchkaffee ein wenig sinnieren darüber, was es Feines aus den soeben erstandenen Zutaten zu kochen geben könnte.

Apfelparadies, Duisburger Landstraße 333 a, 40489 Düsseldorf, Tel. (02 03) 78 96 23
www.apfelparadies.com

ÖPNV: U79 Haltestelle Kesselsberg

Rosenduft in der Luft

45 *Hinter dem Stadtmuseum wartet der Rosengarten*

Ein zarter Duft liegt in der Luft. Rosa, weiß und rot stehen die Rosen in Blütenpracht, angelegt in von Buchsbäumchen umrahmten Beetquadraten. Eben noch mit tausend anderen am Rheinufer gewesen, jetzt, nur wenige Meter entfernt, fast allein in diesem kleinen Park. Etwas versteckt ist er gelegen inmitten der Düsseldorfer Altstadt, hinter dem Stadtmuseum, zwischen Berger Allee und Poststraße.

Alter Baumbestand wirft sanften Schatten. Die Parkbänke rund um das Rosenfeld in der Mitte laden zum Verweilen ein. Ein Buch oder eine Zeitung, ein Eis oder ein Coffee to go sind jetzt ideale Begleiter. Oder der Lieblingsmensch, um sich anzulehnen, gemeinsam dem Vogelzwitschern zu lauschen oder sich mit Blick auf die Blütenpracht ein wenig zu unterhalten. Am schönsten ist es hier natürlich in den Sommermonaten, wenn die Rosen in voller Pracht erblühen.

Der Rosengarten liegt direkt hinter dem Stadtmuseum, dem ältesten Museum Düsseldorfs, das seit 1963 in dem historischen Palais Spee untergebracht ist. Hier, wo einst rheinischer Adel residierte, kann man sich heute informieren über Geschichte und Kultur Düsseldorfs von den Anfängen bis in die Jetzt-Zeit. Eine ständige Sammlung sowie wechselnde Ausstellungen ergänzen sich in der abwechslungsreichen Vermittlung von Stadtgeschichte.

TIPP

„Zicke", nicht die, sondern das. Szenebistro in der Bäckerstraße 5 a mit Charme.

Umrahmt ist der Rosengarten von einer alten Backsteinmauer. Besonders schön ist eine steinerne Bank, eingelassen in die Mauerführung, teils bemoost, romantisch. Hinter der Bank fließt die Düssel. Auch dies ein schöner Platz, um den Rosengarten als Kleinod in der Altstadt zu genießen. Wer in der sommerheißen Stadt eine kühle Oase braucht, hier im Schatten ist es besonders reizvoll. Und wenn es dann darangeht, das rosenreiche Idyll wieder zu verlassen, sollte man einfach versuchen, den Duft zu bewahren und die Ruhe mitzunehmen.

Rosengarten, Anna-Maria-Luisa-Medici-Platz 1, 40213 Düsseldorf
ÖPNV: U70, U71, U72, U73, U74, U75, U76, U77, U78, U79, U83 Haltestelle Heinrich-Heine-Allee

Auf Zeitreise

46 *Antikladen Wandel*

Wandel Antik ist mehr als ein Geschäft. Es ist Museum und Zeitreise zugleich. In dem Unterbilker Hinterhof breitet sich in einer ehemaligen Schnapsbrennerei der Charme vergangener Epochen aus. Die Uhr erinnert an den Opa, die feinen Gläser an das Erbe der Urgroßeltern, die 80er-Jahre-Ecke an die eigene Jugend. Ein Gang durch den Antikladen Wandel ist auch ein Wandeln durch die Zeit, durch Erinnerungen und Emotionen. Man schlendert vorbei an einer Art-déco-Bar, an Sportgeräten aus den 30er-Jahren, einer Wand mit viel gereisten Koffern, Blechspielzeug, den Swinging Sixties. Es gibt so vieles zu entdecken bei den etwa 20.000 Gegenständen, die sich zu einem Sammelsurium der Einrichtungsgeschichte fügen. Dabei auch eine Skigondel, ein Boot, Kinosessel. Die großen – wie all die kleineren und kleinsten Gegenstände, von der Vase aus den 70ern bis zum Feuerzeug aus den 20ern – kann man kaufen oder leihen. Markus Wildhagen, der seit mehr als 20 Jahren Dinge sammelt, die Geschichten erzählen, stattet damit auch Filme aus. Prominentestes Beispiel: „Grand Budapest Hotel". Antiquitätenexperte Wildhagen wurde dadurch Oscar-Mitgewinner, gab es doch eine Auszeichnung für das beste Szenenbild. Auch bei „Chocolat", dem „Wunder von Bern" und der „Lindenstraße" kam sein Fundus zum Einsatz. Und Schimanski hat schon mit seinem Besteck gegessen.
Auf 1300 Quadratmetern präsentiert sich eine Fülle an Möbelstücken, Lampen, Geschirr, Deko und Dingen, die die Welt nicht braucht und die trotzdem schön sind. Wie den kleinen Flakon, die verzierte Espressotasse, das alte Klappmesser. „Stehrümchen", die die Zuhause-Welt individueller machen. Genauso wie der Kinderstuhl mit der abgeblätterten Farbe, der Sessel aus den 50ern, die Art-déco-Lampe. Es muss nicht immer Ikea sein. Retro-Nachhaltigkeit inklusive. Statt wegwerfen lieber noch mal aufmotzen, Restauration erledigt das Geschäft auch. Neben dem Verkauf an Privatpersonen hat Markus Wildhagen mit seinem Team schon etliche Cafés und Geschäfte mit Used Look und Vintage ausgestattet, Messestände gestaltet und Feiern aufgemöbelt.

Wandel Antik, Friedenstraße 62, 40219 Düsseldorf, www.wandel-antik.de
ÖPNV: Straßenbahn 707 Haltestelle Kronprinzenstraße, Straßenbahn 706, 709 Haltestelle Bilker Kirche

WANDEL

Rheinblick vom Liegestuhl

47 *Die Bar auf dem Dach der Tonhalle*

Zurücklehnen. Den Blick schweifen lassen. Ein kühles Getränk in der Hand. Unten auf dem Rhein zieht gemächlich ein Frachter vorbei. Schneller sind die Flugzeuge, die sich klein vom Abendhimmel abheben. Jetzt einfach auf den Sonnenuntergang warten. Sommergefühle im Liegestuhl genießen.

Wenn das Wetter es zulässt, wird die Terrasse der Tonhalle zur Open-Air-Location mit hoher Sunsetting-Chance. Der Blick geht nach Niederkassel, wo die Sonne zwar nicht im Meer, aber in faszinierendem Farbenspiel hinter dem Deich versinkt. Gelbe Liegestühle stehen in mehreren Reihen hoch oben über dem Tonhallenufer. Abseits der Altstadt, aber dennoch zentral kann man auf dem denkmalgeschützten, expressionistischen Gebäude den Feierabend relaxend verbringen. Unten im Konzertsaal spielen Musikwelten, hier oben untermalt Loungemusik den Rheinblick.

Auch wenn es hier draußen sommerabends schön ist, das Innere der Tonhalle darf nicht unerwähnt bleiben. Zum einen wegen der außergewöhnlichen Architektur mit dem Sternenhimmel an der Konzertsaaldecke, zum anderen wegen des abwechslungsreichen Programms. Die Deckengestaltung ist zurückzuführen auf die ursprünglich geplante Nutzung des Gebäudes als Planetarium. Die Programmgestaltung nimmt diesen Aspekt in den Namen ihrer Konzertreihen auf. Da gibt es Sternzeichen und Sternstunden, Sterntaler und Sternschnuppen, ausgewählte Konzertangebote für Klein und Groß. Und die Supernova, bei der neue und neueste Musik auf die Bühne kommt.

TIPP **Natürlich die Tonhalle selbst. Abwechslungsreiches, hochkarätiges Konzertprogramm.**

Mittlerweile ist die Sonne untergegangen. Das Lüftchen wird frischer. Der Brezelkorb ist leer gegessen. Die ersten Liegestühle werden zusammengeklappt. Über der Oberkasseler Brücke steht die schmale Mondsichel, zart leuchtend. Gedanken an Arbeit und Alltag sind ganz weit weg. Alltagsglück an einem warmen Sommerabend.

Tonhalle, Ehrenhof 1, 40479 Düsseldorf; geöffnet bei gutem Wetter
ÖPNV: U70, U74, U75, U76, U77 Haltestelle Tonhalle/Ehrenhof

Kuchen mit Spielplatz

48 *Das Café im Südpark*

Okay, sonntags, bei schönem Wetter, ist das Café im Südpark wirklich kein Geheimtipp mehr. Aber das ist das Los so manch großstädtischen Glücksortes. Wo es schön ist, zieht es viele hin. Da hilft, falls machbar, nur antizyklisches Verhalten. So, wie man auf dem Campingplatz nicht am frühen Abend, wenn alle vom Strand kommen, zum Duschen gehen sollte, so findet sich gewiss ein Alternativzeitpunkt, um im Café im Südpark auf der Terrasse zu sitzen. Wobei Terrasse vielleicht das falsche Wort ist für diesen weitläufigen Außenbereich, der in Wiese und Spielplatz mündet. Das macht den Ort besonders für Familien mit kleineren Kindern so reizvoll. Kaffee trinken, Kuchen essen und die Kleinen wohlbeschäftigt wissen. Sonntagsglück. Nein, wir wollten ja zu einem anderen Zeitpunkt hierher.
Dann ist auch der Hofladen geöffnet. Sonntags hat er zu. Der gut sortierte Biomarkt schließt sich an den Cafébereich an. Und wird ebenso wie die Gastronomie von der „Werkstatt für angepasste Arbeit – wfaa“ betrieben. Das heißt: Menschen mit Behinderung kommen hier zum Einsatz – verkaufen und kellnern. Und pflanzen und ernten das Obst und Gemüse, das im Laden angeboten wird.
Das Konzept begann kurz nach der Bundesgartenschau Ende der 80er-Jahre mit einem „Gartenlandschaftspflegeauftrag“, wie es offiziell so schön heißt. Bedeutet: Mittlerweile arbeiten 200 Menschen mit Behinderung im Bereich des Südparks. Viele im Gartenbau. Sie unterhalten die Wege, sorgen für die Gemüseflächen und den Kräutergarten, kümmern sich um die Tierhaltung und den Spielplatz. Die anderen arbeiten im Café und im Hofladen.
Genug Kuchen gegessen? Dann geht es zum Minigolfen in die Anlage neben dem Café, die 2010 inmitten von Gemüsebeeten angelegt wurde. Oder in den Streichelzoo, wo Hausschweine, Ziegen und Kaninchen leben. Oder einfach einmal um den See. Der liegt nicht weit entfernt etwas unterhalb und ist ein besonders schönes Element des Südparks.

Café Südpark, In den Großen Banden 58, 40225 Düsseldorf, Tel. (02 11) 88 25 84 40 64
www.wfaa.de
ÖPNV: U71, U73, U83 Haltestelle Südpark

27

Unter Linden

49 *Im Schatten der Basilika am Gerricusplatz*

Am Gerricusplatz kann man Geschichte atmen. Nicht die große, die weltbewegende wie am Petersdom oder den Pyramiden, aber irgendwie wird man an früher erinnert, an Jahrhunderte zuvor. Fachwerk dominiert das Erscheinungsbild rund um den malerischen Platz mit hohen Linden. Restauriert, doch schief und krumm, versprühen die alten Häuser aus dem 17. bis 19. Jahrhundert einen ganz eigenen Charme. Hier steht die Zeit ein wenig still.

Im Norden des Platzes: die Basilika St. Margareta, das von weit her sichtbare Wahrzeichen Gerresheims. Ihre Historie ist lang, so gehen die Anfänge der Kirche auf die Zeit um die erste Jahrtausendwende zurück. In ihrer jetzigen Form wurde sie eingeweiht im Jahr 1236, als Kirche eines Stiftes für adelige Damen. Sie ist eine der am besten erhaltenen Kirchen der Stauferzeit. Eine kirchengeschichtliche Seltenheit ist das ottonische Hochkreuz über dem Altar aus den Jahren um 970. Neben dem Gerokreuz im Kölner Dom ist es das wohl älteste erhaltene Hochkreuz Europas.

TIPP Der Weihnachtsmarkt auf dem Gerricusplatz hat besonderen Charme.

St. Margareta ist Mittelpunkt des Gerricusplatzes, auch wenn sie am Rand steht. Der umliegende Platz entwickelte sich schon früh zum Zentrum Gerresheims, das um 1390 Stadtrechte zugesprochen bekam und erst 1909 zu einem Düsseldorfer Stadtteil wurde.

Am Platzrand, etwas zurückgelegen hinter einem schmalen Durchgang, liegt der Quadenhof. Hier wohnte früher der Burgvogt. Die typische Wasserburg in Ziegelbauweise aus dem frühen 15. Jahrhundert war als Schutzbau der Stadt gen Osten gedacht. Denn hier konnte wegen sumpfiger Bodenverhältnisse keine Stadtmauer errichtet werden. Die adeligen Zeiten liegen hinter dem Quadenhof, längst ist der einst von Wassergräben geschützte Adelssitz in bürgerlichem Besitz.

Die Geschichte Gerresheims erzählt ein Brunnen im südlichen Bereich des Platzes mit dargestellten Szenen. Pate des Heimatbrunnens ist, wie könnte es anders sein, der Bürger- und Heimatverein Gerresheim.

Gerricusplatz, 40625 Düsseldorf

ÖPNV: U73, Bus 738, Haltestelle Gerresheim Rathaus, Bus 724, 737 Haltestelle Schönaustraße

Private Sammlung für alle

50 *Gegenwartskunst in Fabrikhallen*

Versteckt in einem Hinterhof zwischen Birkenstraße und Bahngleisen befindet sich ein neues Zuhause zeitgenössischer Kunst – die Philara Stiftung, ein privater Kunstkosmos. Erst einmal drinnen überwältigt eine großzügige Halle, deren industrieller Charme die Nüchternheit eines White Cube bricht. Verantwortlich für die architektonische Um- und Neugestaltung der ehemaligen Glasfabrik ist der Düsseldorfer Architekt Joachim Sieber.

Inspiriert von den Gegebenheiten der Fabrik wurde eine abwechslungsreiche Ausstellungslandschaft mit 1700 Quadratmetern geschaffen. Zu entdecken gibt es Kombinationen zwischen den unterschiedlichsten Künstlern und deren Arbeiten. Zwei Bekannte, Thomas Ruff trifft Thomás Sarazeno, eine Begegnung im Sammelsurium der Unendlichkeit. Eine Mikrobenkonstruktion Sarazenos lässt die Ruff'sche Welt der Sterne klein erscheinen. Kuratorin Katharina Klang hat für die ausgestellten Werke Gemeinsamkeiten aufgespürt, die nicht nur rein visueller Art sind. Die kristalline Experimentierfreudigkeit von Jonah Fermen und Justin Lowe, aufwendig und hintergründig inszeniert, kann von außen, edel verpackt, durch ein kleines Guckloch entdeckt werden. Findet man den Eingang, schleicht man seltsam dumpf durch ein spaciges Universum. Ein versteckter Apparat, eine Sekte im Untergrund vielleicht, initiiert den Plan, den es zu entschlüsseln gilt.

TIPP Die Sammlung erschließt sich mit einer der häufig angebotenen Führungen noch besser.

Man darf jetzt schon gespannt sein auf die anderen Werke der rund tausendteiligen Sammlung, die nach und nach hier präsentiert werden sollen, auf Neuerwerbungen oder die temporären Ausstellungen, auch mit Namen, die nicht gleich jedem geläufig sind, aber gezeigt werden müssen, da gut.

Wer noch länger verweilen möchte, besucht den Gastronomiebereich, in Reminiszenz an frühere Zeiten schlicht „Glas Lennarz" tituliert. Hier eine wandfüllende Kachelarbeit von Tobias Rehberger. Machen Sie ein Foto davon mit Ihrem Smartphone, Überraschung inklusive.

Sammlung Philara, Birkenstraße 47, 40233 Düsseldorf, www.philara.de
ÖPNV: Bus 834, Straßenbahn 709 Haltestelle Birkenstraße

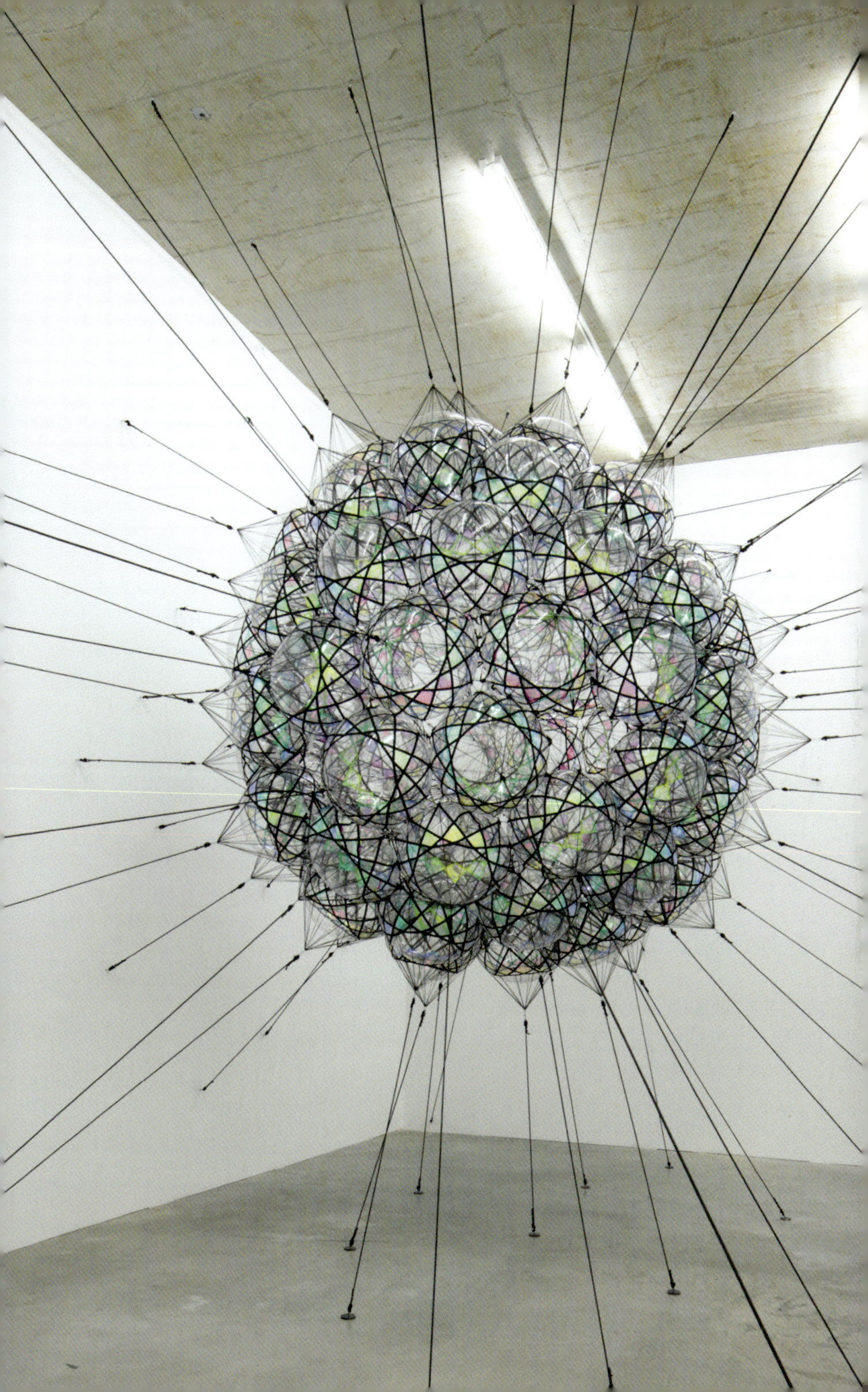

Farbenpracht und frische Luft

51 *Frühmorgens joggen im Nordpark*

Drei Kaninchen und geschätzt 30.000 Blumenblüten. Das ist das Fazit nach 30 Minuten Laufeinheit im Nordpark. Wo sonntags Spaziergänger schlendern, Familien Spielplatz und Wiesen bevölkern, Grüppchen Boule spielen, ist wochentags um halb acht die Parkwelt noch in ruhiger Ordnung. Joggen am Rhein kennt jeder. Ist auch schön. Aber im Nordpark locken Ruhe und die Abwesenheit von Laufkonkurrenz.
Man trifft vereinzelt Hundebesitzer. Und man grüßt die ersten Mitarbeiter des Gartenamtes, die Müll von den Wegen klauben, hoch oben im Baum hängend Äste stutzen oder Blumenbeete gestalten. Und die sind eine Pracht. 225.000 Pflanzen kommen auf dem Gelände pro Jahr in die Erde. Und noch ein paar Fakten: Größe 36,6 Hektar, 4.000 Quadratmeter Wasserflächen, 3.800 Quadratmeter Blumenbeete.
Der Nordpark entstand im Rahmen der Ausstellung „Schaffendes Volk", einer groß angelegten Industrie- und Werkstoffschau. Wie der Titel erahnen lässt, war das zu nationalsozialistischen Zeiten, im Jahr 1937. Damals wurden mehrere Hundert Großbäume aus Parks und von Friedhöfen in den Nordpark verpflanzt.
Der Kies knirscht unter den Laufschuhen. Die Luft ist noch kühl. Die Parkbänke lasse ich links liegen. Hebe sie für einen gemütlichen Sonntagsspaziergang auf. Da tut sich der Japanische Garten auf. Eine Runde um das Wasserbecken mit der spiegelglatten Oberfläche, entlang an Zedern, Ginkgobäumen und Fächerahorn. 1975 wurde diese Parkbesonderheit angelegt. Wie das Hinweisschild verkündet, könnte ich hier den „Baum des aufrechten Geistes" suchen oder „müßige Steine am Wasser". Ein anderes Mal. Sonst dauert die Laufpause zu lange.
Japanische Gärten wollen dem Besucher das Gefühl geben, er sei eins mit der Natur. Ein wenig bekommt man dieses Gefühl hier im ganzen Park. Immer weiterlaufen geht ja nicht. Also rein in den Alltag. Aber mit ein paar Glückshormonen mehr. Ob nun vom Laufen oder von der Blumenpracht.

TIPP

Nach seiner Sanierung kann man im Aquazoo wieder Krokodile, Pinguine und Vogelspinnen bestaunen.

Nordpark, Parkplätze Eingang Kaiserswerther Straße 365, 40474 Düsseldorf
ÖPNV: U78, U79 Haltestelle Nordpark/Aquazoo

Das etwas andere Eis

52 *Yomaro – Frozen Yogurt am Carlsplatz*

Die Schlange geht schon ums Straßeneck. Sonntag, früher Nachmittag, High Noon am Yomaro. Alle wollen Frozen Yogurt. Fünfzig stehen jetzt gerade an. Die Stimmung ist gelassen. Die Vorfreude auf die kühle Erfrischung versüßt die Warteminuten. Jetzt ist Zeit, sich mit den wichtigen Fragen zu beschäftigen: Wie viele Toppings nehme ich heute? Die Favoriten wie letztes Mal? Oder lieber etwas Neues ausprobieren? Wie groß soll der Becher sein? Small, medium, large?

„Frozen Yogurt ist ein dem Speiseeis verwandtes Dessert, das hauptsächlich aus Joghurt sowie Milch hergestellt wird." So heißt es nüchtern und neutral auf Wikipedia. Ein Frozen im Yomaro ist mehr. Und es kommt immer darauf an, wie man es sich zusammenstellt. Basis ist eine Art Joghurt-Softeis. Weich, fluffig, frisch. Und so ganz allein ein wenig langweilig auf Dauer. Doch dafür gibt es ja die Toppings. Mindestens vierzig sind im Angebot. Spätestens bei Annäherung an die Theke sollte man sich zur Entscheidungsfindung durchringen. Dank dreier Mitarbeiter im Dauereinsatz geht dann alles recht schnell. Bunte, klein gehackte Vielfalt breitet sich hinter Glas aus. Neben Früchten sind auch kalorienreichere und süßere Varianten wie Cookies, Milchschokolade, Smarties, Gummibärchen und Käsekuchen in der Toppingauswahl. Bestseller sind laut Ladeninhaber Raphael Inhoven Erdbeeren, Kiwi, Melone, Brownie, Kinderriegel, Yoghurette und Krokant. Wenn das Frozen Yogurt weniger als hundert Kalorien pro hundert Gramm hat, kann man bei den Toppings ja mal zuschlagen. Der Becher wirkt schon voll, aber zum Schluss ist noch Platz für ein Fruchtpüree als Krönung auf die weiche weiße Turmskulptur. Erdbeer- und Mangopüree, Schokoladensauce und die warme Nussnougatcreme sind hierbei die Favoriten. Fertig zum Genuss. 2012 eröffnete der erste deutschlandweite Yomaro-Laden in der Lorettostraße, die Filiale am Carlsplatz kam ein Jahr später dazu. Und der Name, was bedeutet der eigentlich? Yo-ma-ro steht für Yogurt von Matthias Rombey, dem Ideengeber und Mitbegründer.

TIPP Auch in anderen Städten in Deutschland kann man Yomaro-Läden finden. 16 gibt es mittlerweile.

Yomaro, Am Carlsplatz 6 b, 40213 Düsseldorf, Tel. (02 11) 4 16 53 43, www.yomaro.de
ÖPNV: U70, U71, U72, U73, U74, U75, U76, U77, U78, U79, U83
Haltestelle Heinrich-Heine-Allee

natur
YOMARO
FROZEN YOGURT

Auszeit im Salz

53 *Grottenfeeling in Derendorf*

Sanftes Licht von beleuchteten Salzsteinen empfängt mich. In den Gradierwerken plätschert Solewasser an den Schwarzdornzweigen entlang. Jeder Schritt knirscht leise, denn auch auf dem Boden geht es salzig zu. Die Salzgrotte Kristall in der Münster-Therme, dem altehrwürdigen Jugendstilbad in Derendorf, nutzt Meeresklima, um auch in der Großstadt das Atmen zu erleichtern. Dafür sorgen mehr als zwanzig Tonnen Salz – an den Wänden, auf dem Boden – und die beiden in die Wand eingelassenen Gradierwerke, wie man sie sonst aus Kurorten kennt.

Jetzt in die Entspannungsliege sinken, eingemummelt in eine weiche Decke. Etwas versteckt gelegen im Souterrain des Hauses, wo zu den Anfangszeiten des Schwimmbadbetriebes noch Badekabinen standen, herrschen keine Schwimmbadtemperaturen. Knapp 20 Grad, frische Luft. Es bleibt nicht mehr viel zu tun, die 45-minütige Auszeit im Salz beginnt. Augen schließen, der Entspannungsmusik lauschen, die Gedanken ziehen lassen, atmen. Das ist hier besonders wichtig, ist das Mikroklima doch salzhaltig wie am Meer, und das hilft bei Atemwegserkrankungen und bei belastender Großstadtluft.

Gerade noch im Großraumbüro, in der Supermarktschlange, in virtuellen Welten gewesen, jetzt abtauchen in Abgeschiedenheit. Das fällt in der geschützten Atmosphäre der Salzgrotte besonders leicht. Und ist ein angenehmer Nebeneffekt, wenn man etwas für seine von Infekten, Allergien oder Asthma geplagten Atemwege tun möchte. Manche Gäste kommen ausschließlich wegen dieser einfachen und effektiven Anti-Stress-Wellnessform. Entspannungswerteskala: Wolke sieben. Wer lieber aktiv im Salz ist, der kann ja Yoga machen, Atemtraining oder achtsam meditieren. All dies wird mit professioneller Anleitung angeboten.

Der Aufenthalt im Salz lässt sich zum Wellnesstag steigern, kombiniert mit Schwimmbad- oder Saunabesuch und Massage. Je nachdem, wie es die Zeit für die Auszeit zulässt.

TIPP

Die Wellness mit Kuchen im Goldregen in der Roßstraße oder Sterne-Menü im Agatas ausklingen lassen.

Salzgrotte Kristall Münster-Therme, Münsterstraße 13, 40477 Düsseldorf
www.salzgrotte-kristall.de
ÖPNV: Straßenbahn 701, 705, 707 Haltestelle Dreieck

Auf ein Alt ins Brauhaus

54 *Düsseldorfs Lokalgetränk*

Dieses Getränk gehört zu Düsseldorf wie die drei großen Ks Karneval, Kö und Kunst: das Altbier. Kurz auch einfach nur Alt genannt. Dunkel, würzig, leicht herb und herzhaft. Eine obergärige Biersorte, die es in der globalisierten Welt unterdessen auch in Berlin, New York und der Ukraine zu kaufen gibt, die aber aufs Engste mit Düsseldorf verbunden ist.

Alt kann man zu Hause trinken. Kann. Könnte. Man sollte es im Brauhaus tun. Im Uerige in der Altstadt zum Beispiel. Seit 1862 wird hier das gleichnamige Bier gebraut. Frisch gezapft und in den typischen schmalen 0,2-l-Gläsern, die Weißbiertrinkern und Oktoberfestbesuchern ein verächtliches Lächeln abringen, aber für frischen Biergenuss sorgen, kommt es auf den Tisch. Alt wird das dunkel-bernsteinfarbene Bier in den kleinen Gläsern jedenfalls nicht. Dafür kommt immer wieder Nachschub vom Köbes, der das mit zehn Gläsern gefüllte Tablett durch die Menschen balanciert. Drinnen im Brauhaus wie draußen an den Stehtischen, die im Sommer die Berger Straße bevölkern. Wenn es ganz voll ist, reichen kein Tisch und keine Bierbank, dann zieht sich ein Pulk die Gasse entlang.

TIPP **Alle Brauhäuser mal ausprobieren – Füchschen, Zum Schlüssel, Goldener Kessel, Brauerei Kürzer.**

Verwinkelt und etwas schummerig, gemütlich und originell kommt das Brauhaus im Inneren daher. Verschiedene Stuben, kleine Tische in Ecken, aber auch Restaurantecken oder der Brauhof ohne Bestuhlung mit Blick auf den kupfernen Braukessel – hier ist die Auswahl groß. Die Auswahl an Getränken geht natürlich übers Altbier hinaus. Colabestellungen lassen den Köbes vielleicht kurz zucken und den versuchten Scherz mit der ernsthaft vorgetragenen Kölsch-Bestellung hat er gewiss auch schon öfter gehört. Das Herz der Brauerei-Bedienung muss groß sein bei der Anzahl und Vielfalt der Gäste. Die amerikanische Touristin trinkt, umgeben von einer Gruppe Altbierverkostern, eine Weißweinschorle. Auch das geht im Uerige. Doch glücklicher wird man im Brauhaus mit einem Alt, das steht fest. Oder zwei oder drei ...

Das Uerige, Bergerstraße 1, 40213 Düsseldorf, Tel. (02 11) 86 69 90, www.uerige.de
ÖPNV: U70, U71, U72, U73, U74, U75, U76, U77, U78, U79, U83
Haltestelle Heinrich-Heine-Allee

Romantik auf Neonröhren

55 *Im Hofgarten leuchten Bänke*

Sie strahlen in die Dunkelheit. Beleuchten die Baumwipfel von unten und verwandeln die Reitallee im Hofgarten in eine helle Schneise. Vierzehn Parkbänke aus Neonröhren. „UV-A UV-B" hatte der Künstler Stefan Sous diese besitzbaren Skulpturen genannt. Anlässlich der Europäischen Gartenschau Euroga 2002 war der Hofgarten zum Kunst-Park stilisiert worden. Die Leuchtbänke, ein Bestandteil dieses Projektes, blieben. Und erfreuen nun auf der Sichtachse zum Schloss Jägerhof Spätheimkehrer aus der City, vorbeifahrende Radfahrer und abendliche Spaziergänger. Wer zu vorgerückter Stunde durch den Hofgarten schlendert, kann hier eine erleuchtende Rast einlegen. Richtig bequem sind sie zwar nicht auf Dauer, aber durchaus wohlig warm. Dafür sorgt Osram. Vielmehr dessen Neonröhren, denn ausschließlich aus diesen bestehen die Leuchtbänke. Acht dicke Röhren an der Zahl.

Was würde wohl der Gartengestalter des Hofgartens Maximilian Friedrich Weye zu den modernen Ausformungen zum Verweilen sagen? Als der Hofgarten in der Barockzeit noch außerhalb der Stadtmauern lag und ein fürstlicher Lust- und Jagdgarten war, zierten vermutlich wenige Sitzgelegenheiten die Wege. Erst im 18. Jahrhundert wurde der Parkbereich öffentlich und schließlich Anfang des 19. Jahrhunderts durch Hofgärtner und Gartenbaumeister Weye in seiner weitestgehend bis heute erhaltenen Form als Landschaftsgarten im englischen Stil gestaltet. Bei dieser Umgestaltung zur klassizistischen Parkanlage besann man sich auch auf Ruhezonen beim Lustwandeln. Doch an Lichtbänke dachte da wohl noch keiner.

TIPP Auch tagsüber ist der Hofgarten einen Besuch wert und beherbergt noch etliche Kunstwerke.

Heute wirken sie als erleuchtende Alltagsinstallation. Auch wenn ab und zu eine Leuchtröhre ausfällt, dem Gesamteindruck tut dies keinen Abbruch. Immer wieder ist die Wahrnehmung in Veränderung, je nachdem wer sich niederlässt auf den Leuchtröhren. Tagsüber eher unscheinbar, erstrahlen sie, wenn es dunkel wird in Düsseldorf.

Lichtbänke im Hofgarten, an der Reitallee, 40479 Düsseldorf
ÖPNV: Straßenbahn 707 Haltestelle Schloss Jägerhof, Bus 754 Haltestelle Jacobistraße

Romantisches Keller-Kino

56 *Im Souterrain in Filmwelten eintauchen*

Popcorn, Riesenleinwand, Blockbuster – ist nicht, fehlt nicht. Jegliche Vorzüge großer Multiplex-Kinos rücken in den Hintergrund nach einem Abend im Souterrain, Düsseldorfs kleinstem Programmkino im Untergeschoss eines Oberkasseler Wohnhauses. Was andere als großzügiges Wohnzimmer nutzen, ist hier Vorführsaal mit Theke, Barhockern und Kasse zugleich. Zuerst muss man im Erdgeschoss einmal quer durchs Café Muggel und die kleine Wendeltreppe im hinteren Bereich hinab. Unten angekommen taucht man schnell ein in den Charme des Kinos aus den 70er-Jahren. Fünfundfünfzig dunkelblaue, stoffbezogene Stühle reihen sich in dem lang gezogenen, schmalen Raum, hier und da ein Tischchen zum Getränkeabstellen. Nachschub lässt sich in der Pause holen, die es aus Gründen der Nostalgie bei jeder Vorstellung gibt. Früher, als Filme noch analog abgespielt wurden, musste in dem kleinen Vorführraum nebenan die Filmrolle gewechselt werden. Seit einigen Jahren läuft auch im Souterrain alles digital, aber die Pause ist geblieben. Die gezeigten Filme sind klein, aber fein, wie das Kino selbst. Bekanntere, größere Streifen kommen auch mal ins Haus, später, wenn der Verleih es erlaubt. Der Spagat zwischen Filmkunst und Mainstream, er gelingt im Souterrain. Programmkino-Renner gibt es hier ebenso wie Filmreihen, etwa die zu Wim Wenders 70. Geburtstag, die mit diversen Vorführungen Jubiläen aufgreifen. Wenn jemand wie David Bowie stirbt, reagiert die Programmplanung schnell und zeigt noch einmal Filme in memoriam. Kommt ein neuer Film von Lars von Trier ins Kino, spielt das Souterrain auch dessen Vorgänger. Freiheiten eines Programmkinos. Im Souterrain ist Kino noch Lichtspieltheater für Cineasten. Mit Gemütlichkeitsfaktor, privatem Touch und einem weit weniger grellen, lauten Auftreten, wie es die junge Generation aus den Megafilmpalästen UCI, UFA und Co. kennt. Eine Popcornmaschine würde der Raumluft im Souterrain übrigens das K.o. geben. Abgepackte Tortillas tun es als Kinoknabberei-Begleitung doch auch.

Souterrain, Dominikanerstraße 4, 40545 Düsseldorf, Tel. (02 11) 5 57 18 31
www.filmkunstkinos.de
ÖPNV: U74, U75, U76, U77 Haltestelle Barbarossaplatz

DER
AMERIKANISCHE
FREUND

Düsseldorfs Namensgeberin

57 *Von der Quelle zum Rhein*

Zwei bemooste Bänke, Farn und Beerensträucher fügen sich zu einem Stimmungsbild um die Lichtung, wo die Düssel ihren Ursprung hat. Wobei diese Lichtung jetzt nicht nach einer Waldwanderung plötzlich idyllisch vor einem liegt, sondern sich in Nachbarschaft eines Wohnhauses fast versteckt. Da sind wir schon eine halbe Stunde Autofahrt von Düsseldorf entfernt. Außerhalb von Wülfrath im Bergischen Land entspringt das namensgebende Flüsschen. Die eigentliche Quelle ist durch Grundwasserabsenkung trockengelegt, doch ein paar Meter weiter hört man das erste Plätschern. Der Lauf beginnt. 46 Kilometer wird sich das Wasser von hier fortbewegen, bevor es in Düsseldorf, der Stadt, dessen Namen es geprägt hat, den Rhein erreicht.

Bei Gerresheim überquert die Düssel die Stadtgrenze – mal ober-, mal unterirdisch, mal kanalisiert, mal frei fließend wird sie die Stadt durchziehen. In Vennhausen trennt sich das Wasser: So gibt es in der Stadt sogar die Nord- und die Süddüssel. Die südliche Variante verschönert den Südpark. Anlässlich der Bundesgartenschau wurde sie aus ihrem Betonbett herausgenommen und zu Teichen mit bepflanzten Ufern aufgestaut. Auch die Karolingerstraße, gerne Bilker Königsallee genannt, wird geprägt von Alleenbäumen und der Düssel. Später durchläuft sie den Spee' schen Graben hinter dem Stadtmuseum.

Die nördliche Düssel schlängelt sich durch den Zoopark, darf im Hofgarten wieder an die Luft und wird gestaut zur Parkdekoration erhoben. Bis sie im Underground-Finale am Rand der Altstadt in den Rhein mündet. Unsichtbar, unterirdisch, neben den Kellern des Schlossturms am Burgplatz, vereinigt sich der kleine Fluss mit dem großen Strom.

Diese Mündungsstelle ist der Grund, warum Düsseldorf nach dem kleineren Fluss benannt ist und nicht nach dem deutlich präsenteren Rhein. Nahe der Lambertuskirche, der ältesten Kirche der Stadt, hatten einst die ersten Menschen gesiedelt. Sie holten sich das Wasser aus der besser zu erreichenden Düssel statt vom Rhein. Deswegen heißen wir heute nicht Rheindorfer.

Düsselquelle, Asbrucher Straße 96, 42489 Wülfrath

ÖPNV: Bus 746 Haltestelle Dieselstraße, Fußweg 20 Minuten

HIER
ENTSPRINGT
DIE
DÜSSEL

Auf der Wiese am Grünen See

58 *Erholungspark Volkardey in Ratingen*

Klappstuhl, gekühlte Getränke, Sonnenbrille und Zeit. Wahlweise die gesammelten Zeitungsartikel der vergangenen Wochen, die man immer mal lesen wollte, ein nettes Buch oder einen zweiten Klappstuhlbesitzer zum Plaudern. Das soll reichen als Zubehör für den Platz am See. Ein nettes Fleckchen wird sich finden. Der Campingstuhl ist schnell installiert und für die nächsten zwei Stunden bequem genug. Dass Sitzen als das neue Rauchen gilt, dem Stoffwechsel schadet und wir uns viel mehr bewegen sollten – können wir das bitte jetzt mal vergessen? Und dafür die Faulenz-Einlage im Grünen am Grünen See genießen. Ab und an auf das Wasser gucken oder einem Schmetterling beim Herumflattern zuschauen.

Am Grünen See ist es auch ohne Baden schön. Denn das ist in dem ehemaligen Baggersee verboten. Im Wasser gibt es gefährliche Strudel und eine große Unterströmung, die für krasse Temperaturunterschiede sorgen und den Kreislauf schocken können. Der 23 Hektar große See am Rand Ratingens ist ein beliebtes Ausflugsziel. Er gehört zum Erholungspark Volkardey, der außerdem den naturnahen Silbersee und etliche Freizeitmöglichkeiten umfasst. Immerhin 110 Hektar Freifläche gibt es in dem Erholungspark. Action an Land findet sich mit Trimm-dich-Pfad, Beachvolleyballanlage, Bolzplatz, Tischtennisplatten und Spielplätzen. Auf dem Wasser beim Surfen, Tret- oder Ruderbootfahren. An Wochenenden kann es durchaus mal trubelig werden. Die Griller nicht zu vergessen. Nun doch noch den Klappstuhl ins Auto gebracht und einmal rund um den See. Neue Kräfte sind mobilisiert. 2,2 Kilometer, das ist jetzt drin. Nicht wie die Läufer, die den Rundweg als Joggingstrecke nutzen, im sportlichen Tempo, sondern erst einmal moderat im Spaziergehmodus. Danach ein leckeres Eis vom Kiosk „Am Grünen See". Frühsommerliches Feierabendglück.

TIPP

Auf einem etwas längeren Spaziergang den angrenzenden Silbersee mit erkunden.

Grüner See, Am Grünen See, 40880 Ratingen
ÖPNV: Bus 754 Haltestelle Nösenberg

Bento-Boxen und Matcha

59 *Japanische Tee- und Wohnkultur*

Bei dem Gedanken an Matcha mit Milch schüttelt es Hidenori Yoshimatsu. Zurückhaltend, wie es seine Art ist, kommentiert er die Unsitte des Westens bezüglich des speziellen Grünteegenusses nicht mit vielen Worten, sondern berät seine Kunden lieber persönlich. Oder lässt sie den edlen Tee in der puren Version probieren. Seit einem Jahr ergänzt der Teeladen mit der feinen Auswahl das bisherige Kyoto-Geschäftskonzept. Dieses hatte sich auf japanische Wohnkultur spezialisiert. Mit seinem über 40-jährigen Bestehen ist es eines der traditionsreichsten Geschäfte im japanischen Viertel rund um die Immermannstraße.
In dem geschmackvoll eingerichteten Laden „Kyoto-Japanische Teekultur“ kommen Teeliebhaber ins Schwärmen. Grüntee in den besten Variationen – Gyokuro aus den ersten Blättern, Houjicha aus geröstetem Sencha und verschiedene Sorten Matcha-Tee aus unterschiedlichen Teeregionen Japans. Dazu Teegeschirr und -kannen im stilechten Design. Und die passenden Süßigkeiten zum Teegenuss wie Wasanbon-Zucker in Blüten- und Blätterform dürfen natürlich nicht fehlen. Die Ausstattung für die anfangs etwas kompliziert wirkende Matcha-Tee-Zubereitung gibt es im praktischen Kartonset – Bambuslöffel, Matcha-Besen und -Schale. Wie man den gesunden Wachmacher Matcha korrekt zubereitet, das vermittelt Hidenori Yoshimatsu in Seminaren.

TIPP Im Kushi Tey of Tokyo ein paar Eingänge weiter japanische Küche genießen.

Zu diesen kommen natürlich mehr Deutsche als Japaner, so ist es auch bei der Kundschaft im Designbereich. Die in Düsseldorf lebenden Japaner würden sich lieber europäisch einrichten in den wenigen Jahren, die sie oft nur vor Ort seien, weiß Besitzer Yoshimatsu. Für Japananhänger und solche, die ausgefallenes Geschirr oder Geschenke suchen, ist die Auswahl an schönen Dingen in seinem Laden groß. Zartbunte Lampions für die Deko, aufwendig verzierte Suppenschalen, Zori-Schuhe und Yukata-Mantel für Fernost-Wellnessfeeling, japanische Messer für exquisite Köche. Und nicht zu vergessen: Bento-Boxen, die praktischen Lunch-Boxen mit den vielen Unterteilungen. Das passende Kochbuch gibt es gleich vor Ort dazu.

Kyoto – Japan Art Deco, Immermannstraße 26, 40210 Düsseldorf, www.kyoto-japan.de
ÖPNV: U70, U74, U75, U76, U77, U78, U79, Bus 737, 754 Haltestelle Oststraße, Straßenbahn 707 Haltestelle Klosterstraße

千本の白
五十鈴
ISUZU
青嵐
AOARASHI
29.-
25.-
19.50
17.90
FUJI-MATCHA
JAPAN TEA
FUJI MATCHA
御抹茶
おくみどり
JAPAN TEA
30g
17.90
福
福
福
ほうじ茶
豊かな味と香り
ティーバッグ
煎茶
豊かな味と香り
ティーバッグ

Gemüseromantik am Schloss

60 *Der Küchengarten im Benrather Schlosspark*

Hinter gusseisernen Torflügeln öffnet sich ein Feld an Beeten mit Gemüse, Kartoffeln, Salat und Obststräuchern. Geordnet und strukturiert liegen sie in üppiger Vielfalt nebeneinander. Die umliegenden, schützenden Bäume lassen vergessen, dass ich immer noch in Düsseldorf bin. Jetzt könnte sich in der Nachbarschaft auch eine altehrwürdige Klosteranlage erheben. Doch auch Schlossherren haben Kartoffeln und Gemüse gegessen. Angebaut haben es natürlich andere. Und so findet sich nahe am Benrather Schloss und doch etwas verborgen hinter Mauern ein Küchengarten, bei dem jedem Amateur-Gemüsezüchter das Herz aufgeht. Es riecht nach frischer Erde, nach Kräutern und auch ein wenig nach Kohl und Zwiebeln, je nachdem, wo man gerade entlangkommt. Lustwandeln lässt es sich auch in diesem Bereich des Benrather Schlossparks, dem mit 63 Hektar zweitgrößten Parkgelände der Landeshauptstadt. Die Skulpturen und herrschaftlichen Springbrunnen kann man später noch anschauen. Jetzt lieber zarte Salatpflanzen und erste Johannisbeeren bestaunen, Rosmarin zwischen den Fingern reiben, rätseln, was aus dem zarten, sich aus der Erde reckenden Grün am Ende des Sommers geworden sein wird.

TIPP Auf einer Führung durch den Park mehr erfahren, auch das Schloss selbst ist sehenswert.

Bereits 1760 wurde der Küchengarten angelegt. Direkt neben dem Gutshof, wo der Schlossverwalter wohnte. Bis in die 50er-Jahre wurde der Küchengarten durch Pächter bewirtschaftet, dann verfiel die Anlage. Seit ihrer Rundum-Restauration im Jahr 2002, bei der auch Parkbänke aufgestellt wurden, werden die Beete von der Düsseldorfer „Werkstatt für angepasste Arbeit“ gepflegt und gehegt. Die etwa vierzig verschiedenen Arten an Gemüse, Salaten, Beeren und Kräutern werden mittlerweile in Bio-Qualität angebaut. Immer donnerstags zwischen 10 und 12 Uhr kann man die frischen Erträge an einem kleinen Marktstand dann auch käuflich erwerben.

Schloss Benrath, Benrather Schlossallee 100–106, 40597 Düsseldorf, Tel. (02 11) 8 92 19 03
www.schloss-benrath.de

ÖPNV: U71, U83 Haltestelle Schloss Benrath

Bali-Feeling am Elbsee

61 *Wellness-Oase de luxe am Stadtrand*

Ein Kurzurlaub am Rande Düsseldorfs und das mit fernöstlicher Exotik. Mit dem „vabali premium spa“ ist eine exklusive Oase der Erholung entstanden mit ganz viel Wohlfühl-Atmosphäre. Das Wellness-Paradies in opulentem Ausmaß an der Stadtgrenze Düsseldorf-Hilden wurde einem balinesischen Dorf nachempfunden. Man möchte ein wenig hineininterpretieren in seinen Namen: „Vamos Bali – lass uns nach Bali gehen.“ Für einige Stunden, für einen Tag.
Saunahopping betreiben in den 13 Räumen, darunter zwei Dampfbäder und ein Laconium, eine besonders trockene Saunavariante. Ruhen auf Wasserbetten im luxuriösen Erholungsbereich. Sich verwöhnen lassen mit Massagen. Zwischendurch eine Stärkung im Restaurant. Und dabei immer wieder die grandiose Aussicht auf den Elbsee genießen. Die Lage direkt am See macht dieses Spa zu einem ganz besonderen Ort. Direkt an die Gebäude grenzt das Naturschutzgebiet. Schwimmen im See wird daher nicht möglich sein, dafür gibt es einen leicht erhöht gelegenen Außenpool mit Blick auf den See. Die Inhaber, die Brüder Markus und Stephan Theune, sind keine Neulinge auf dem gehobenen Wellness-Markt. Die Claudiustherme in Köln und ein weiteres „vabali spa“ in der Berliner Innenstadt sind nur Beispiele. „Wir waren schon oft in Indonesien im Urlaub und wollten das besondere Wellnessflair nach Deutschland holen“, so Stephan Theune. Dekorative Elemente wie Wandblumen werden in Bali geschnitzt. Das Massageangebot ist ebenfalls fernöstlich geprägt. Elf Einzel- und Partnerbehandlungsräume warten auf Gäste. Bali ist 17 Flugstunden entfernt, zum „vabali spa“ ist es nur eine knappe halbe Stunde von der City an den Stadtrand. Ohne Jetlag und Reisekosten in den Genuss von fernöstlichem Ambiente kommen und einen Tag Urlaub genießen. Das ist am Elbsee ganz neu.

vabali spa, Schalbruch 210, 40721 Düsseldorf, www.vabali-duesseldorf.de
ÖPNV: Bus 782 Haltestelle Richard-Wagner-Straße

62 *Konditorei Heinemann – ein Stück Kultur*

Schokolade macht glücklich. Das sagen Studien, das sagt unsere Stimmungskurve im Praxistest. Wir könnten ihn mal wieder durchführen – wie wäre es mit einem Einkauf in der Konditorei Heinemann? Schon beim Blick durch die großen Schaufensterscheiben in der Kö-Passage steigt die Vorfreude auf die süßen Verlockungen. Ob mit oder ohne Schokolade, ein bisschen glücklich machen sie alle: Pralinen, Himbeer- und Zitronentörtchen, Maracuja-Sahnetorte, Bienenstich und vieles mehr. Linienbewusste sollten lieber draußen bleiben. Oder einfach mal über die Stränge schlagen.
Drinnen lässt es sich lustwandeln: an der Pralinentheke vorbei, wo es süße Sünden namens Sultan, Surprise und Sans Souci gibt, entlang der opulenten Glasvitrine mit Torten und Törtchen. Als Frage bleibt: Hier essen oder mitnehmen?
Im ersten Stock erstreckt sich das weitläufige Restaurant und Café. Die großen Tortenstücke schmecken mit frischem Kaffee noch besser, alternativ gibt es aber auch Roastbeef, Bratkartoffeln mit Pfifferlingen oder Geschnetzeltes. Doch bleiben wir bei den zuckrigen Köstlichkeiten. Zum Beispiel den Champagnetrüffeln, dem international bekannten Markenzeichen. Erfunden wurde die Edelpraline in den 70er-Jahren von Firmengründer Hermann Heinemann, der die Konditorei-Kunst 1932 in Mönchengladbach ins Leben rief. Sein Sohn Heinz-Richard führt diese Familientradition erfolgreich mit unterdessen zwölf Filialen im Rheinland fort.
Im Düsseldorfer Stammhaus zwischen Blumenstraße und Königsallee ist jeden Tag viel los. Mindestens zwölf Mitarbeiterinnen im Laden, zu Hochzeiten im Weihnachtsgeschäft mehr als zwanzig, kümmern sich um die Kunden aus nah und fern, verpacken Pralinen, beraten beim Gebäck, helfen bei der Kuchenentscheidung. Stets adrett in der weißen Schürze mit den schwarzen Streifen an den Trägern.
Und wenn man in der City wieder mal jemand mit der typischen Heinemann-Tüte im Vintage anmutenden knallgrünen Design sieht, weiß man, ein wenig süßes Glück wird nach Hause getragen.

Konditorei Heinemann, Martin-Luther-Platz 32, 40212 Düsseldorf, www.konditorei-heinemann.de
ÖPNV: U70, U74, U75, U76, U77, U78, U79, Straßenbahn 701, 705, 706 Haltestelle Steinstraße/Königsallee

Südseesehnsucht

63 *Pflanzeninseln von Tita Giese*

„Wo ist hier eigentlich das Meer?“, fragt sich der vom Cityverkehr genervte Autofahrer beim ersten Anblick der Palmen. Hinter der Häuserschlucht, am nächsten Straßenkreisel links zur Promenade runter? Palmen und Meer, das gehört im Geiste einfach zusammen. In Düsseldorf haben wir nur eins davon, aber immerhin. Am Stresemannplatz, auf dem Weg vom Bahnhof zum hinteren Ende der Kö, einem Hauptverkehrsknotenpunkt, stehen sie, die Palmgewächse. Trotzen den Abgasen, beglücken vorüberfahrende Autoinsassen mit Grün des Südens und großen weißen Blüten. Ein verwunschener Ort, der die Sehnsucht nach Meer kurz aufflammen lässt und dem grauen Straßenbild südliches Flair vermittelt.

Tita Giese, die auch in anderen Städten mit gärtnerischer Experimentierlust Pflanzenkunstwerke geschaffen hat, konnte ihre Idee „Mittelamerikanische Verkehrsinseln“ 2007 umsetzen. Autoreifen bieten Platz für Erde und Halt für Yucca-Palmen. Diese sind robuster, als man denkt. Sie halten Kälte aus und Hitze sowieso. Eine Verkehrsinsel als grüne Oase.

Blumenkübel ade. Urbane Räume lassen sich auch anders mit Pflanzengrün verwandeln. Das zeigt auch Gieses besonderes Grün am Ernst-Reuter-Platz. Dort, wo die Oststraße in die Corneliusstraße übergeht, steht man ohnehin immer an der roten Ampel. Da lohnt sich ein längerer Blick hinüber zu Schilf, Bambus, Präriegras, Hanfpflanzen und Essigbäumen. Am Boden liegt heller Quarzsplit, die Assoziation an Strand ist da. So schwimmt die grüne Verkehrsinsel im Straßenmeer. Pflanzen von der Berliner Allee, wo Tita Giese erstmals prominent ihre grünen Spuren gesetzt hatte, fanden hier ihre neue Heimat, als die Straße im Zuge der Kö-Bogen-Neugestaltung neu konzipiert wurde und der „Tausendfüßler“ samt Unterbegrünung weichen musste.

Es gibt schönere Beschäftigungen, als mit dem Auto im Düsseldorfer Innenstadtbereich unterwegs zu sein. Ein versonnener Blick auf die Pflanzeninseln senkt den Stresslevel vielleicht etwas.

Stresemannplatz, Düsseldorf

ÖPNV: Straßenbahn 708, 709 Haltestelle Stresemannplatz, Straßenbahn 701, 705 Luisenstraße

64 *Treffpunkt Fortuna-Büdchen*

Jeder Genderdiskussion zum Trotz, es gibt sie, die männerspezifischen Glücksorte. Das Fortuna-Büdchen ist definitiv einer davon. Das hat eine nicht repräsentative Umfrage bei mir bekannten Männern ergeben. Kein romantisches Café, kein Top-Wellness-Tempel könnte mehr punkten als dieser kleine Kiosk an der Rheinpromenade. Das Büdchen liegt auf direkter Rad-Strecke von der Altstadt zur Arena, wo im Bundesliga-Rhythmus die Spiele des Zweitligisten steigen, hat die nun wirklich längste Theke Düsseldorfs, ein Mäuerchen mit fulminantem Rheinblick, das an Gut-Wetter-Wochenenden wegen Überfüllung geschlossen werden müsste. Und es verkauft diverse Altstadtbrauerei-Biere.
Vor etwa zehn Jahren, pünktlich zum Fortuna-Aufstieg in die zweite Liga, wandelte sich der Kiosk. Ein Fortuna-Zeichen kam auf den alten Langnese-Würfel auf dem Dach, Fahnen wurden aufgehängt. Mundpropaganda tat ihr Übriges – mittlerweile ist der Kult-Kiosk ein Düsseldorfer Wahrzeichen mit Facebook-Fanseite.
Bereits Anfang des letzten Jahrhunderts gab es wohl einen Ausschank für die Schiffsarbeiter an selbiger Stelle, 1946 wurde das kleine Gebäude von Holz auf Stein umgebaut. So erzählt es der 80-jährige Paul Nakaten, der 1985 mit seinem Büdchen-Geschäft anfing und heute manchmal immer noch hinter dem Tresen steht. Mit seinen Pächtern ist er sich einig, dass man lieber klein und authentisch bleibt, als zu vergrößern oder anzubauen. Veränderung stand im Raum, als die Stadt sich mit der Promenadenneugestaltung befasste und Büdchen-Anhänger einen Abriss befürchteten. Doch die Promenade soll, wenn überhaupt irgendwann, nur im unteren Bereich neu gestaltet werden. Das Büdchen wird bleiben. Und damit auch die Möglichkeit, ausgestattet mit Bockwurst (lecker) und Bierchen (schön kühl) auf dem Mäuerchen zu sitzen und den Sonnenuntergang zu genießen. Falls Fortuna gewonnen haben sollte, ein noch größeres Glück. Übrigens: Ganz so Männer-dominiert ist es hier gar nicht. Das Fortuna-Büdchen ist durchaus auch für Frauen ein Glücksort.

TIPP **Kontrastprogramm Kultur – die Kunstmuseen rund um den Ehrenhof sind in unmittelbarer Nähe.**

Fortuna Büdchen, Joseph-Beuys-Ufer 27, 40479 Düsseldorf
ÖPNV: 70, U74, U75, U76, U77 Haltestelle Tonhalle/Ehrenhof

IMBISS
IMBISS
95
PARTYSCHIFF
Coca-Cola
Coke

Pide, Francala und Simit

65 *Die Yusufogullari-Bäckerei setzt auf Frische*

Es duftet, es ist warm, die Mischung aus der ganz leicht krustigen Oberfläche und dem weichen Inneren verlockt zum Reinbeißen. Das Fladenbrot der Yusufogullari-Bäckerei ist nicht zu vergleichen mit dem in Plastik abgepackten, das man sonst vom türkischen Gemüsehändler kennt. Hier wird frisch gebacken, keine Industrieware, sondern für den Endverbraucher, darauf ist Ali Actar stolz. Seit mehr als fünfzehn Jahren ist er als Bäcker aktiv, 2011 übernahm er mit seinem Partner Asir Kocak den kleinen Laden mit angeschlossener Backstube in der Birkenstraße. Heute ist dessen 20-jähriger Sohn Furkan fester Bestandteil des Teams, das sich noch um zwei andere Geschäfte kümmert. Der Name „Yusufogullari" bedeutet „Josefs Söhne". Es waren fünf, die die Bäckerei in ihren Anfängen zu einer Adresse in Düsseldorf machten. Den Namen wählten sie im Andenken an ihren verstorbenen Vater.

Frische und Vielfalt – besonders im Ramadan-Monat eine logistische Herausforderung. Beim Fastenbrechen nach Sonnenuntergang soll warmes, frisches Brot auf dem Tisch liegen. Das bedeutet für die Mitarbeiter der Backstube, dass sie für die deutschen Kunden wie üblich in der Nacht arbeiten und ab 13 Uhr noch eine Schicht beginnt. Ab dem frühen Abend füllt sich der Laden. Immer wieder kommen Backwagen bis oben hin gefüllt mit Fladenbroten aus der Backstube. Schnell sind sie leer, denn die Kunden nehmen meist gleich mehrere mit. Dazu noch Francala, das Spitzbrot mit der aufgerissenen Kruste, oder Simit, Sesamringe. Und natürlich Baklava für den Nachtisch. Ein süßer Traum, viel besser als die übersüße Nachtischvariante im türkischen Urlaubshotel. Zart und knusprig zugleich mit einer weichen Füllung aus Pistazien, Walnüssen oder Kokos. Zuständig für sie ist ein Baklavakonditor, so wie es auch einen Börekmeister für die länglichen Brote mit Füllung gibt.

Gastfreundschaft wird im Ramadan besonders großgeschrieben. „Abraham hat nie allein gegessen", erklärt Ali Actar mit einem Lächeln in den Augen die Essensgewohnheiten im Ramadan. Eine schöne Tradition.

TIPP Probieren Sie von den zwanzig Gebäcksorten, süß und salzig, original vom türkischen Konditor.

Bäckerei Yusufogullari, Birkenstraße 64, 40233 Düsseldorf, Tel. (01 73) 2 75 23 30
ÖPNV: Straßenbahn 709 Haltestelle Wetterstraße

Peynirli Pide
(gefüllt mit Hackfleisch,
Spinat und Käse)
4,00
1,00
1,80
2,00

Ruhe finden im Reisetrubel

66 *Der Raum der Stille am Airport*

Beim Schließen der ersten Glastür wird es schon leiser. Das geschäftige Treiben des Flughafens bleibt draußen, wenn nach der kleinen Schleuse auch noch die zweite Tür ins Schloss fällt. Der Zugang macht einen leichten Bogen, rechts in die Wand sind Gedenkschriften eingelassen. Sie erinnern an die Opfer des Flughafenbrandes 1996 sowie an die Opfer des Fluges 4U9525 von Barcelona nach Düsseldorf, der nie hier landete. Dann öffnet sich der Rundweg in einen schlichten ovalen Raum mit dezenter Beleuchtung: ankommen im Raum der Stille.

Interessante Lichteffekte entstehen durch die parallele Abfolge vertikaler Raumscheiben an der einen Längswand. Zwischen den Raumscheiben erstrahlt Licht und beleuchtet den Raum indirekt. Dasselbe Prinzip wiederholt sich in der Deckengestaltung. Vereinzelt stehen einfache, kleine Holzbänke auf dem Boden. Vorne mündet der Raum in eine Wasserfläche. Spiegelglatt und ruhig wirkt sie. Doch zwei ins Wasser eingelassene Spiegel, die angeleuchtet sind, reflektieren sanfte Bewegung an die ebenfalls abgerundete Frontwand. Kleine Bezugspunkte für die Augen. Für Augenblicke der Ruhe, der Meditation, des Gebets.

Der Raum der Stille am Düsseldorfer Flughafen ist bewusst ohne religiöse Symbolik angelegt. Überkonfessionell nennt es die Informationstafel am Eingang, multireligiös wäre eine andere Variante. Eigentlich egal.

Die ovale Form des Raumes unterstützt ein Gefühl von Geborgenheit. Ebenso die sanfte Lichtgestaltung. Die reduzierte Ausstattung wirkt wohltuend im Gegensatz zu der Überzahl an Last-Minute-Angebote-Plakatierung auf der angrenzenden Besucherterrasse und dem bunten Treiben auf dem Flughafen. Man muss ein wenig bleiben, die reduzierte Atmosphäre, die Ruhe auf sich wirken lassen, um umzuschalten. Umzuschalten vom Trubel auf die Stille. Vom Vorurlaubsstress auf erstes Durchatmen. Umschalten auf Urlaubsmodus, Abschalten vom Alltag fällt hier angenehm leicht.

Raum der Stille, Abflugterminal, Flughafenstraße 105, 40474 Düsseldorf
ÖPNV: Bus 721, 760 Haltestelle Terminal A/B/C, S-Bahn S11 Haltestelle Flughafen

Das K und K der Düsseldorfer

67 *Killepitsch im Et Kabüffke*

Klein und urig. Das ist die Kurzversion der Killepitsch-Stube „Et Kabüffke". Über die Langversion könnte man ein Buch schreiben. So viele Gäste hat der Traditionsausschank der Düsseldorfer Likörspezialität schon gesehen, so viel Geschichte und Geschichten wurden an der langen Theke palavert, so viele Anlässe gibt es, auf einen Sprung oder auch ein Stündchen in der seit 1955 bestehenden Probierstube vorbeizuschauen. Im Kabüffke treffen sich Stammgäste und Touristen. Der Geschäftsmann, die Seniorentruppe, Freundinnen beim Shoppen, Messebesucher, ab und zu ein Hipster und immer wieder Gäste, die die Bedienung hinter der lang gestreckten Theke mit Namen kennt.

Zu essen gibt es nichts, zu trinken viel. Nicht nur das neben dem Altbier weltbekannte Lokalgetränk Killepitsch ist im Ausschank, auch Weine und andere alkoholische Trinkgenüsse aus aller Welt sind zu haben. Das Barregal ist gut gefüllt. Ins Kabüffke kommst du nicht auf ein Käffchen vorbei, hier darf es auch zum Mittag schon mal ein Likörchen sein. Einzunehmen direkt an der Bar. Wahlweise ergattert man einen Platz auf der Bank, die sich an der Wand entlangzieht, auf einem der Holzhocker, oder man schafft es bis auf die winzige Empore, wo noch ein paar Sitzplätze warten. Ansonsten steht es sich überall gut, auch draußen unter den Arkaden.

TIPP Produziert wird der Killepitsch im Medienhafen – die gläserne Fabrik kann man besichtigen.

Tradition und Kult vermischen sich beim Killepitsch. Sei es in der Probierstube oder in dem nebenan liegenden Killepitsch-Laden. Da reihen sich die Likörflaschen im traditionellen rot-weiß-schwarzen Design bis unter die Decke, daneben poppige Sondereditionen in Pink bis Knallgrün. „Ön äschte Düsseldorfer Spezijalität" steht in goldenen Lettern am Fenster. Erstmals kreiert wurde der Kräuterlikör aus 98 Essenzen im Jahre 1858. Das Rezept ist bis heute ein Familiengeheimnis. Manche mögen den Killepitsch etwas süß-klebrig finden, für andere ist es ein lecker-süffiger Schnaps, der sich auch in Longdrinks verwenden lässt. Die muss man sich aber zu Hause machen, im Kabüffke trinkt man ihn lieber pur. Klein und urig eben.

Et Kabüffke, Flingerstraße 1, 40213 Düsseldorf
ÖPNV: U70, U71, U72, U73, U74, U75, U76, U77, U78, U79, U83
Haltestelle Heinrich-Heine-Allee

Killepitsch

Bei Wind und Wetter

68 *Das ganze Jahr Freibadsaison*

15 Grad und Nieselregen – nicht gerade Traumwetter für einen Freibadbesuch. Aber gerade das macht den Reiz aus in der Römer Therme. Was klingt wie eine Wellnessoase in alten Gemäuern, ist ein schlichtes Sportbecken in der Nachbarschaft des Bayerriesen. Aber was für eines. Wo sonst Mittzwanzigergrade im Becken erfrischen, herrscht hier eine Wassertemperatur von mindestens 29 Grad. Beim ersten Zeheneintauchen will ich mehr, mehr Wärme, mehr Wasser. Frisch geduscht ist der Außenreiz beim mutigen Gang zum Wasserbecken doch fröstelnd. Wie muss das erst im Winter sein? Immerhin so schön, dass sich bis zu 500 Badegäste ins Becken locken lassen. Und das hat olympisches Wettkampfmaß. 50 mal 21 Meter, acht Bahnen. Vier davon sind dem sportlichen Schwimmen vorbehalten. Die vier anderen teilen sich Freizeitschwimmer, Aquafitnessgruppen und Familien.

Es gibt idyllischere Umgebungen als einen Chemiepark. Aber erstens kriegt man von ihm nur etwas bei der Anfahrt mit – das Bad selbst ist von Bäumen umgeben –, und zweitens ist gerade die Nähe ein Vorteil für die Wasserwärme. Denn sie entsteht durch den warmen Dampfüberschuss, der bei Produktionsprozessen anfällt. Er wird genutzt zur Beheizung der ca. 2000 Kubikmeter Wasser, aber auch der Räumlichkeiten. Die Geschichte des Bades geht zurück bis in die 30er-Jahre. Damals wurde ein kleineres Becken für die Mitarbeiter der Dormagener Bayerwerke gebaut. Und ganz früher, zu Zeiten der Römer, war auf dem Gelände eine Ziegelei. Daher der Name.

TIPP **24-Stunden-Schwimmen. Einmal im Jahr ist rund um die Uhr geöffnet.**

Morgens um sechs, wenn das Bad öffnet, stehen die Frühschwimmer schon Schlange. Und abends, wenn die Vereine aktiv sind, ist immer noch viel los. So kommt die Römer Therme auf mehr als 130.000 Besucher pro Jahr. Spitzenzeiten die Sommertage. Ich finde es gerade reizvoll, bei Anti-Freibadaußentemperatur hier zu schwimmen. Der Himmel ist grau, der nächste Schauer kommt bestimmt. Macht nichts. Solange das Wasser mich wärmend umhüllt, ist man hier glücklicherweise unabhängig vom Wetter.

Elbsee Römer Therme, An der Römerziegelei 1, 41539 Dormagen, Tel. (0 21 33) 51 56 00
www.tsv-bayer-dormagen.de

ÖPNV: Bus 885 Haltestelle Chempark Tor 1

5

Essen im Kloster

69 *Glaubensthemen und Gastronomie im Maxhaus*

Heinrich Heine ging hier zur Schule und seufzte in seinem späteren literarischen Werk „Buch Le Grand“ über Strenge und Schwierigkeiten im Lateinunterricht. Betritt man heute den Moderne ausstrahlenden Lichthof im Maxhaus, ist von Strenge nichts mehr zu spüren, von Geschichte und Gedanken gleichwohl. Früher war hier der Klostergarten, rundherum verlief der Kreuzgang eines Franziskanerklosters. Heute ist in diesem Innenbereich der „Klosterhof“ untergebracht, ein Bistro mit ausgewählten Speisen und einer Veranstaltungsbühne. Beim Betreten des Innenhofes fällt sofort das beeindruckende Glasdach auf. Es sorgt für das schöne Gefühl, unabhängig von Wetterverhältnissen im Freien zu sitzen. Hier kann man auf einen Latte macchiato vorbeikommen oder auf eine vegetarische Quiche oder eine Dorade. Für jeden Geschmack und Hunger ist etwas dabei. Besonders reizvoll sind die Dinner-Events, zu denen Küchenchef Oliver Neuhoff besondere mehrgängige Menüs kreiert.

Der Klosterhof ist örtlicher Mittelpunkt des Maxhauses, eines citypastoralen Standorts der katholischen Kirche. Nach der Restaurierung des Gebäudes ist das Maxhaus nun seit mehr als zehn Jahren in den behutsam modernisierten Gemäuern untergebracht. Es sucht und bietet Berührungspunkte zwischen Kirche und Stadt. Der Klosterhof ist dabei fester Bestandteil eines vielfältigen Programms.

TIPP Die Mittagspause auf dem Meditationsbänkchen – im Andachtsraum im ersten Stock ist das gut machbar.

Die Kirchengeschichte an diesem Ort geht weit zurück. Einen kleinen Einblick bekommt man im Untergeschoss in der Ausstellung „Das verborgene Kloster“. Franziskaner lebten hier bis zur Säkularisation Anfang des 19. Jahrhunderts. Damals zieht ein Lyceum in die Klosterräume. Dort, wo die Mönche zuvor ihre Speisen einnahmen, im Refektorium, ist fortan der Turnsaal. Auch heute noch gibt es diesen Antoniussaal, benannt nach der kunstvollen Deckengestaltung, die Szenen aus dem Leben des heiligen Antonius darstellt. Eher angemessen trifft man sich nun hier, um über Glaubensfragen zu diskutieren oder kirchengeschichtlichen Vorträgen zu lauschen.

Maxhaus, Citadellstraße 2, 40213 Düsseldorf, www.maxhaus.de, www.bistro-klosterhof.de
ÖPNV: U70, U71, U72, U73, U74, U75, U76, U77, U78, U79, U83
Haltestelle Heinrich-Heine-Allee

Parkbank de luxe

70 *Pause auf der Treppe am Kö-Bogen*

Eigentlich ist diese Treppe eine riesige Parkbank. Mit Holzpaletten angelegt liegen drei überdimensionierte Stufen übereinander, ziehen sich parallel zum Kö-Bogen und laden zum Hinsetzen ein. Vormittags ist es noch ein wenig schattig, passend zur Mittagszeit nimmt die Anzahl der Sonnenplätze rapide zu. Mit einem Coffee to go, einem Snack oder einfach so sind diese Sitzplatz-Stufen ein idealer Platz für die Mittagspause oder die Rast nach dem Stadtbummel.

Unten zieht der im Rahmen der Bauarbeiten wieder freigelegte Wasserlauf der Düssel entlang. Im Rücken recken sich die Libeskindbauten mit ihrem unverwechselbaren geometrischen Muster auf der Fassade in die Höhe. Die beiden durch eine Brücke verbundenen Baukörper sollen das „Tor zum Hofgarten" bilden, eine Verbindung schaffen zwischen Innenstadt und Park, zwischen Schadowplatz und Hofgarten. Dafür sorgt der Durchgang zwischen den beiden Gebäudekomplexen, die sich durch ihre geschwungene Form auszeichnen. Im Zuge des Stadterneuerungsprojekts Kö-Bogen mit seinen Auswirkungen auf die Innenstadt ist viel geschrieben und diskutiert worden. Es zieht sich bis zur endgültigen Fertigstellung über Jahre. Was nicht verwunderlich ist angesichts von Straßen, die unter die Erde verlegt werden, neuen Sichtachsen, groß angelegter Innenstadtneugestaltung. Düsseldorf begnügt sich ja auch nicht mit einem Kö-Bogen, der zweite ist in der Umsetzung und wird die Gegend um das Schauspielhaus verändern.

TIPP

Ein Aushängeschild im Kö-Bogen: der imposante Apple-Laden.

An einem der zentralen Bereiche, direkt vor den Libeskindbauten, sieht es jedenfalls schon schmuck aus, und die Stufen laden zum Verweilen ein. Schön sind sie auch nach Einbruch der Dunkelheit, denn dann ist die Sitzstufenanlage ausgeleuchtet. Alternativ zu den durchaus komfortablen Stufen bieten die Parkbänke auf der gegenüberliegenden Seite der Düssel den Blick direkt auf das zweiteilige Gebäudeensemble des New Yorker Stararchitekten Daniel Libeskind.

Kö-Bogen, Königsallee 2, 40212 Düsseldorf, www.koebogen.info/de
ÖPNV: U71, U72, U73, U83, Straßenbahn 701, 705, 706 Haltestelle Schadowstraße

KÖ

Glitzer und Glimmer im Hafen

71 *Die Meerbar in den Gehry-Bauten*

Tagsüber ist der Eingang fast ein bisschen unscheinbar. Da fehlen die blau schimmernde Beleuchtung und der Türsteher, dafür ist der Wow-Effekt beim Eintreten umso größer. Die „Meerbar", gelegen im Erdgeschoss des linken Gehry-Gebäudes, dem rot verklinkerten, punktet mit viel kristalliner Beleuchtung, einer 15 Meter langen Bar, hipper Gemütlichkeit im Loungebereich und stylischem Restaurant.

Kein Meer, aber dafür den Rhein hat diese Location vor der Tür und unterstreicht das mit großer Außenterrasse – einmal Loungebereich mit Rattanmöbeln, einmal Restaurant. Beides mit Blick auf Medien- und Industriehafen, viel Wasser und die anderen Gehry-Bauten, die mit ihrer geschwungenen und aufgebrochenen Form und ihrer spiegelnden und weißen Fassade ein Anziehungspunkt für Architekturinteressierte im Hafen sind. Drinnen ist die Aufteilung zwischen größerem Essen und Trinken und Trinken mit oder ohne Snacks ähnlich. 200 Quadratmeter Lounge mit ausladenden Sofas, reichlich Kissen, dämmriger Beleuchtung und einer umfangreichen Cocktail- und Whisky-Auswahl – abends legt hier auch noch ein DJ auf. Im hinteren Bereich dann 160 Sitzplätze für die Speisenden, stilvoll in lila Leder gehalten und mit beeindruckend glitzernden Kugellampen über den Tischen.

TIPP Ein Rundgang durch den Medienhafen, hier gibt es etliche Szenelokale.

Zugegeben, vielleicht alles ein bisschen schickimicki, aber das muss ja auch mal sein in Düsseldorf. Man könnte einen Champagner bestellen für 390 Euro die Flasche. Oder doch lieber einen „Surfer Trip"? Auch mit alkoholfreiem Cocktail fühlst du dich hier ein bisschen cooler, dafür sorgt schon das Ambiente. Sogar die Toilettenräume sind mit braun-goldener Stofftapete im Schmetterling-Vogel-Pflanzen-Muster ausgekleidet, mit Musikbeschallung, die eines James-Bond-Films würdig wäre. Aber daran denken: Abends muss man am Türsteher vorbei. Und im Sportschuh-Outfit kommt man nicht zum Szene-Glück.

Meerbar, Neuer Zollhof 1, 40221 Düsseldorf, www.meerbar.de
ÖPNV: Straßenbahn 707 Haltestelle Wupperstraße, Bus 732 Haltestelle Erftstraße

Trimm dich frei

72 *Auf sportlichem Pfad im Düsseldorfer Osten*

Um es vorneweg zu sagen, es hat mich gepackt, mein sportlicher Ehrgeiz ist entfacht und wird hoffentlich nicht so schnell erloschen sein. Unwissentlich habe ich am Endpunkt des Trimm-dich-Pfades angefangen. Das macht aber gar nichts. Im Gegenteil, denn hier, noch auf einem schönen Spielplatz, wartet mein Lieblingsgerät: die Schaukel. Auf ihr lassen sich brachliegende Nervenzellen aktivieren. Ein bisschen Mut gehört dazu. Die Ringe mit den Händen umfassen, Schwung nehmen, abheben und loslassen – natürlich nur im Geiste. Ein Gefühl von Freiheit motiviert mich, das Feld von hinten aufzurollen.

Weiter geht's durch einen wohltuend frischen Laubmischwald, ja, es geht auch einige Meter Hügel bergauf. Aber das Tempo lässt sich ja variieren. Ambitionierte Jogger laufen grüßend und leichtfüßig an mir vorbei, aber die Geräte lassen sie links liegen. Nicht wissend, was sie verpassen. Mir egal, ich versuche das eine oder andere Trainingsgerüst zum Leben zu erwecken. Mache Klimmzüge und Bockspringen, kitzle ungekannte Kräfte hervor.

Dann die Streckbank, oberhalb einer Talsenke, an der man wenigstens sieht, dass sie auch genutzt wird. Auf einem kahlen Brett bildet ein martialisch wirkender dunkler Schatten den Umriss eines Körpers ab. Das kann warten. Lieber gehe ich zu einem ganz besonderen, auf dem Pfad liegenden Rastpunkt. Die Frauensteine. Hier ist man, auf einem Stein sitzend, den unbekannten Seelen näher, als einem lieb sein kann, vorausgesetzt natürlich die Endorphinausschüttung hat bereits eingesetzt.

Beschwingt geht es dann einige Stufen hinab zum letzten Stützpunkt. Hier hangelt man sich an Sprossen dem Ziel entgegen. Unbezahlbar ist so eine Trainingsstrecke, nichts Weltbewegendes, aber einfach und effektiv. Die Kritzelei „Sport ist Mord" auf einem der Geräte beeindruckt mich da schon gar nicht mehr.

Trimm-dich-Pfad im Grafenberger Wald, Ernst-Poensgen-Allee, 40629 Düsseldorf
ÖPNV: Bus 730, 894 Haltestelle Sportmeile Grafenberg, U73, U83, Straßenbahn 709 Haltestelle Burgmüllerstraße

Dem Himmel so nah

73 *Die Bar im höchsten Gebäude Düsseldorfs*

Hügel, Berge und Aussichtspunkte hat Düsseldorf wenige bis keine. Dafür aber den Rheinturm. Gute Aus- und Fernsicht inklusive. Mit bis in die Antennenspitze gemessenen 240 Metern ist er das höchste Gebäude der Stadt. Erhaben streckt sich der schlanke Turm in den Himmel. Zu Füßen liegen Landtag, WDR und Medienhafen, oben wartet eine Aussichtsplattform und die Günnewig Bar & Lounge M 168. Ihr Name ist Programm beziehungsweise Ortsangabe, auf 168 Metern gelegen ist es das höchste Lokal der Stadt. Nur das Restaurant „Top 180“ eine Etage höher, Sie wissen, wie hoch gelegen, läuft ihr den Rang ab.

Der Aufzug saust hoch zur Aussichtsebene, schluckt die 168 Meter Höhenunterschied in weniger als einer Minute. Wenn sich die Aufzugstür öffnet, empfängt grandioser Weitblick. Rundum verglast ist diese Ebene. Barhocker an der langen Theke und den hohen Tischen, Ledergarnituren im Loungebereich. Die schräge Fensterfront geht bis zum Boden, der Blick kann in die Ferne schweifen und bekannte Orte in der Stadt suchen. Ob Tonhalle, Schauspielhaus, Johanneskirche oder ESPRIT arena, von oben sieht alles etwas anders aus. Bei gutem Wetter lässt sich sogar der Kölner Dom erahnen, und man kann bis ins Ruhrgebiet blicken.

TIPP Das Restaurant Top 180 eine Etage höher dreht sich um sich selbst.

Tagsüber locken die Fernsicht und ein guter Kaffee mit Kuchen. Dafür steht das Lounge im Namen. Die eigentliche Bar macht erst ab 17 Uhr auf, dann gilt auch das Angebot der Cocktailkarte. Aus mehr als fünfzig Cocktails kann man auswählen. Vielleicht eine alkoholfreie „Turm Limo“ mit Limette und Minze oder gleich „A Night in Düsseldorf“ mit Wodka und diversen Beigaben? Oder lieber Sekt zum Sonnenuntergang? Leider muss man den Eintrittspreis für den Rheinturm selbst, die Aufzugsgebühr in Höhe von neun Euro mit berechnen und bei den Getränkeausgaben einkalkulieren. Dafür ist die Aussicht fulminant. Vor allem wenn man den Übergang zur Nacht erwischt und es langsam dunkel wird in Düsseldorf. Dann tanzen die Lichter der Stadt, und das Ambiente hoch oben über dem Medienhafen hat etwas ganz Besonderes.

Rheinturmbar, Stromstraße 20, 40221 Düsseldorf, Tel. (02 11) 8 63 20 00

ÖPNV: Straßenbahn 709 Haltestelle Stadttor, Bus 732 Haltestelle Rheinturm

Auf dem Millionenhügel

74 *Historische Grabstätten und ganz viel Grün*

Kann ein Friedhof ein Glücksort sein? Durchaus. Wenn viele alte Bäume dort ihre starken Äste ausbreiten. Wenn man zur Ruhe kommt inmitten der Stadt. Wenn man Interesse hat an Skulpturen und künstlerischer Gestaltung historischer Grabanlagen. Umrahmt von der Danziger Straße, auf der die Autos Richtung Flughafen rauschen, und der Ulmenstraße, wo Laster sich zum Großmarktgelände durchschlagen, liegt das knapp 70 Hektar große Areal des Nordfriedhofs. Dringt man ins Innere vor, rückt das Autorauschen in den Hintergrund, Vogelzwitschern nimmt überhand. Mit jedem Schritt raus aus der Hektik des Alltags. Wege verzweigen sich, verwunschene Stellen tun sich auf. Eine Bank auf einer Lichtung, versteckte Bienenkästen oder ein Teich mit Seerosen.

Der Nordfriedhof ist einer mit Geschichte. Am 1. Mai 1884 erfolgte hier die erste Beisetzung. Die Anlage war Nachfolger des alten Golzheimer Friedhofs, des ersten kommunalen Friedhofs der Stadt, der 1897 geschlossen wurde. Mit der Zeit wurde der Nordfriedhof der Ort für Familiengruften und Grabstätten wohlhabender Familien. Die Düsseldorfer nannten das höher gelegene Areal nordöstlich der Friedhofskapelle „Millionenhügel“. Die Namen auf den Grabsteinen kennt man von Straßennamen, großen Firmen, prominenten Stadtbewohnern.

TIPP

Eine Führung über den jüdischen Friedhof. Kontakt über die Jüdische Gemeinde.

Der etwas unterhalb liegende Römische Urnenhain – die Grabfelder tragen hier römische Ziffern – ist kleinteiliger und verwunschener. Hier drehte schon Wim Wenders mit Campino für seinen Film „Palermo Shooting“. Etliche Gräber stehen unter Denkmalschutz. Auch solche aus dem künstlerischen Bereich wie die Grabstätte des Malers Andreas Achenbach mit dem nachdenklich blickenden, imposanten Engel. Es gibt einiges zu entdecken auf dem Nordfriedhof. Wunderschöne alte Skulpturen, viel Natur, vielleicht Besinnung. Ein Friedhof ist immer auch ein Ort der Gefühle. Manchmal ist das Glück ja nah an der Traurigkeit. Seien es schöne Erinnerungen an einen Verstorbenen, sei es die Lust am Leben angesichts seiner Endlichkeit.

Nordfriedhof, Am Nordfriedhof 1, 40468 Düsseldorf

ÖPNV: Bus 721, 729 Haltestelle Nordfriedhof, Straßenbahn 705, 707 Haltestelle Großmarkt

1001 Nacht am Hafenbecken

75 *Das Kasbah punktet mit orientalischem Flair*

Ohne Minztee sollte man hier nicht gewesen sein. Auch wenn die Auswahl an Cocktails und Kaffeespezialitäten ebenfalls verlockend ist, ein Minztee gehört zu der Café-Bar Kasbah einfach dazu. Es gibt ihn in verschiedenen Variationen – pur, mit Orange, mit Ingwer oder Limette. Und immer mit richtig viel Minze, echt marokkanischer wohlgemerkt. Die ist besonders aromatisch und nicht so bitter wie deutscher Pfefferminztee, der eher an Jugendherberge erinnert und wenig orientalisches Gefühl aufkommen lässt. Minztee, das marokkanische Nationalgetränk, ist gesund und aufmunternd, wärmt bei Kälte, erfrischt bei Hitze.
Nicht nur der Tee, auch die Inneneinrichtung im „Kasbah" ist marokkanisch. Die verschnörkelten Glaslampen, die bunten Kissen, die Tische mit Steinmosaiken schaffen ein gemütliches, orientalisch angehauchtes Ambiente. Aus Marokko beziehungsweise den nordafrikanischen Ländern kommt auch der Name des vor zwölf Jahren eröffneten Cafés. Kasbah steht hier für eine Burg- oder Festungsanlage. Der Charakter eines Rückzugsortes passt durchaus zum Kasbah in der Altstadt – mit seinen chilligen Sitzmöglichkeiten und dem warmen Licht. Besonders oben auf der Empore, wo flache, runde Metalltische, noch mehr Kissen und eine nette Perspektive auf das Cafétreiben warten. Doch statt hoher Festungsmauern fällt die imposante Fensterfront auf, die sich zum Altstadthafenbecken öffnet und den Besuchern einen schönen Bezug nach draußen lässt.
Zum Minztee gibt es stilecht das passende Gebäck. Die kleinen Köstlichkeiten werden von in Düsseldorf lebenden Marokkanerinnen frisch gebacken. Oder soll es lieber herzhaft sein? Dann gibt es gefülltes Fladenbrot oder verschiedene Suppen. Lang gestreckt und schmal ist das Lokal, an den Wänden ziehen sich Bänke mit gemütlichen Kissen entlang, auch das typisch für Marokko und passend zum ungewöhnlichen Schnitt des Raumes. Im Sommer konkurriert eine Außenterrasse direkt am Hafenbecken mit dem märchenhaften Innenraum. Dann vielleicht doch ein Cocktail? Oder Minztee eisgekühlt.

TIPP

Minze mal anders – die Minz-Trinkschokolade probieren.

Café Kasbah, Rheinort 2, 40213 Düsseldorf, Tel. (02 11) 8 69 38 88

ÖPNV: U70, U71, U72, U73, U74, U75, U76, U77, U78, U79, U83 Haltestelle Heinrich-Heine-Allee

Exotisches Grün

76 *Schlechtwetter-Naturtipp Botanischer Garten*

Die spacige Kuppel spannt sich schützend über mich. Draußen kann es jetzt regnen, stürmen oder schneien – von mir aus. Hier auf der Bank im Gewächshaus habe ich genug südländisches Feeling und Wärme. Atme Frische und Pflanzengrün. Entdecke bunte Blütenpracht. Bestaune Bäume, die meterhoch an den gläsernen Deckenrand ragen. Und sammle Eindrücke von Palmen, Exotik und Pflanzen mit fremd klingenden Namen für den Alltag da draußen.

Wie ein durchsichtiger, halbierter Riesenball liegt das Hauptgewächshaus aus Glas und Stahl inmitten des Botanischen Gartens der Heinrich-Heine-Universität. Knapp 20 Meter streckt sich der Kuppelbau in den Himmel. Auf einer Fläche von 1000 Quadratmetern wachsen rund 400 Pflanzenarten. Drinnen herrscht mediterranes Klima. Pflanzen, die man vielleicht vom Inselurlaub auf den Kanaren kennt, aber auch solche aus ferneren Regionen wie Australien, Kalifornien und Chile haben hier ihr Zuhause. Beim Rundgang entlang der Wege streift man riesige Farnblätter, bewundert Vogelblumen mit ihren charakteristischen orangen Blüten, schnuppert Düfte, die an Urlaubstage erinnern, und hält inne am Olivenbaum.

TIPP Bei einer Führung durch den Botanischen Garten werden die Eindrücke mit Informationen ergänzt.

Im Jahr 1975 erbaut wurde der Kuppelbau mit den dreieckigen Metallverstrebungen schnell zum Wahrzeichen des Botanischen Gartens. Andere Gewächshäuser wie die Orangerie und das Südafrika-Haus bieten ergänzend Heimat für exotische Pflanzen.

Insgesamt sind an die 6000 Pflanzen auf dem zur Universität gehörenden Gelände zu entdecken. Es wartet eine Reise durch die Pflanzenwelt – unter anderem aus Nordamerika, China, dem Kaukasus und den Alpen. Ein Rundweg führt rund um eine Wildblumenwiese über das immerhin acht Hektar große Gelände. Ich hole den Schirm hervor und verlasse die schützende Kuppel. Es gibt hier so vieles zu entdecken.

Botanischer Garten, Universitätsstraße 1, Gebäude 29.01

ÖPNV: U73, U79 Haltestelle Universität Ost/Botanischer Garten, Bus 735, 827, 835, 836 Haltestelle Universität Süd

Im Licht der Kunst

77 *Museum Kunstpalast am Ehrenhof*

Ein dunkler Raum, der mit Lichteffekten und Überraschungsmomenten spielt. Beim Eintreten aktiviert ein Bewegungsmelder die einzelnen Kunstwerke. Immer wieder anders tanzendes Licht. Strahlend auf einem sich drehenden Nagelfeld, an den Wänden in Flammenform, wird aus der aufgebrochenen Oberfläche einer schwarzen Kugel auf schwarz gestrichene Wand geworfen. Dazu Formen, die sich verschieben, glitzernd wie eine Wasseroberfläche oder flirrend wie eine Fata Morgana. „Hommage à Fontana“ heißt das gemeinschaftlich konzipierte Werk aus sieben rotierenden Objekten der ZERO-Künstler Heinz Mack, Otto Piene und Günther Uecker. So wie Lucio Fontana mit seinem Schnitt durch die Leinwand traditionelle Kunstgattungen überwinden wollte, zeichnen die Künstler nun mit Licht. Erstmals zusammengestellt wurde der Lichtraum 1964 für die documenta III in Kassel. Entweder nimmt man Platz auf der Bank an der Wand und beobachtet den Lichtzauber, oder man erkundet den Raum in Bewegung. Sechs Minuten wahrnehmen, sich überraschen lassen von Kunst.

TIPP Im NRW-Forum liegt der Schwerpunkt auf Fotografie, Video und Design.

Seit 2001 ergänzt das Museum Kunstpalast, der Zusammenschluss von Kunstmuseum und Kunstpalast, die Kulturbühne Düsseldorfs. Mit einer Sammlung, die mehr als 100.000 Exponate umfasst, und mit großen Wechselausstellungen. Highlights der vergangenen Jahre waren Ausstellungen wie die von Andreas Gursky, Katharina Grosse und Wim Wenders mit seinen Fotografien, aber auch die Ausstellung „El Greco und die Moderne“.
Zwei Gebäudeflügel liegen sich dafür gegenüber im geschichtsträchtigen Ehrenhof. 1926 entstand dieser Komplex nach den Plänen von Wilhelm Kreis und nach dem Vorbild des Pariser Petit Palais. Zu der heutigen Kunstmeile zählen außerdem das NRW-Forum und die Tonhalle. Inmitten der Haupteingänge von Sammlung und Ausstellungsgebäude liegt ein großes Springbrunnenbecken. Sehr schön, bei höheren Temperaturen stehen Liegestühle am Rand. Die Pause am Wasser rundet den Museumsbesuch ab.

Museum Kunstpalast, Ehrenhof 4–5, 40479 Düsseldorf, www.smkp.de
ÖPNV: U70, U74, U75, U76, U77 Haltestelle Tonhalle/Ehrenhof

GLASMUSEUM
HENTRICH
SOMMER
SONNE
22.7.–
23.10.2016
DIE SAMMLUNG

Grüne Lunge im Stadtsüden

78 *Das ehemalige BUGA-Gelände*

Bei meinen Streifzügen durch Düsseldorf habe ich Bänke schätzen gelernt. Die bemoosten, die designten, die schlichten, die mit über Interessantes redenden Sitznachbarn, die mit weniger interessanten und mehr redseligen Sitznachbarn und die ganz ohne. Hier steht wieder eine, lädt ein zum Verweilen. Die hölzerne Parkbank befindet sich auf einem für mich besonders schönen Fleckchen des Südparks. Man findet es von der Siegburger Straße, vom Kulturzentrum AKKI, kommend geradeaus in den Park hinein hinter dem Heckenlabyrinth. Von außen etwas versteckt und zugewachsen wirkt der Wuchs in diesem Bereich besonders natürlich. Hügel und Mauervorsprünge aus alten großen Steinen erzeugen geschützte Ecken. Farne, Felsen- und Gebirgspflanzen erinnern an Waldspaziergang oder Bergwanderung, ebenso der große Nadelbaum inmitten des Areals. Jetzt einfach in der wildromantischen Umgebung auf der Bank sitzen, die Sonne wärmend im Gesicht spüren, die Gedanken zur Ruhe kommen lassen. Dahinter sind die Blumen und Staudenpflanzen geordneter angelegt, die Wege breiter.

Der „Steingarten“ ist einer der thematisch gestalteten Bereiche „In den Gärten“, die, auf zwanzig Hektar angelegt, 16 verschiedene Gartenthemen umfassen wie den „Garten in Weiß“ oder den „Dahliengarten“. Ihre Bepflanzung war Bestandteil der Bundesgartenschau. 1987 fand das grüne Event in Düsseldorf statt und bescherte nahezu allen Parkanlagen eine Rundumauffrischung, von der wir heute noch profitieren. Neu angelegt wurde der BUGA-Park, wie manche Düsseldorfer den Südpark immer noch nennen. Einen Teil, den seit Ende des 19. Jahrhunderts bestehenden Volksgarten, gab es schon, er wurde integriert in die neu angelegten Flächen auf vormaligem Brachland. So entstand Düsseldorfs größte Grünfläche in Parkform. Allerlei Völkchen verteilt sich hier am Wochenende. Die einen grillen, die anderen sportlern, manche liegen auf der Wiese, einer spielt Gitarre, mehrere probieren sich auf einer Slagline. Bunt ist die Mischung – eigentlich ist der ganze Südpark ein Volksgarten.

- **Volksgarten, Siegburger Straße 25, 40591 Düsseldorf**
- **ÖPNV: U74, U77, U79 Haltestelle Kaiserslauternerstraße**

Blick auf Vater Rhein

79 *Die „Laterne" im Schlossturm*

Beim Blick aus dem Panoramafenster startet die Zeitreise. Eindrücke vom Museumsbesuch im Kopf, schweifen die Gedanken zu Zeiten, als am Rhein noch ein Schloss stand, Segeljachten ankerten und die Altstadt das eigentliche Düsseldorf darstellte. In der „Laterne" hoch oben im Schlossturm kann man seinen Cappuccino mit fürstlichen Ambitionen trinken. Auch wenn es ebendiesen zu Zeiten, als der Turm ein Teil des Schlosses war, noch gar nicht gab. Ebenso wenig wie Loungemusik, Milchschaum und die italienischen Köstlichkeiten, die der Betreiber des Museumscafés neben Torten und Kuchen hier anbietet. Den leicht erhabenen Ausblick auf umliegendes Geschehen gab es bereits, als das Schloss, dessen Anfänge bis ins 14. Jahrhundert zurückgehen, zu Zeiten Jan Wellems bis zum Anfang des 18. Jahrhunderts seine Blütezeit erlebte. Es folgten Zerstörung, Wiederaufbau und schließlich 1872 der Abriss der Residenz.
1984 wurde im einzigen Rest des Stadtschlosses, dem Schlossturm, das Schifffahrtsmuseum eröffnet. Es widmet sich der Geschichte des Rheins und seiner Befahrung und zeigt Aspekte von Schiffsentwicklung, Tourismus und Frachtverkehr. Unten im Gewölbe blitzt das historische Mauerwerk hindurch: Hier läuft man über den Rhein, vielmehr seine Aufzeichnung von Schaffhausen bis Rotterdam, die das imposante Ausmaß dieses sechs Länder verbindenden und 1230 Kilometer langen Flusses verdeutlicht. Und zwischendurch stellt sich immer wieder die Frage: Was wäre Düsseldorf eigentlich ohne den Rhein? Vielleicht immer noch ein Dorf an der Düssel.

TIPP
Ein besonderes Erlebnis sind die Museumsführungen bei Nacht.

Wer Jachten nur von der Messe boot kennt oder von Spaziergängen in Mittelmeer-Häfen, sieht hier im Schifffahrtsmuseum mal eine Variante aus dem 18. Jahrhundert, jedenfalls im Modell. Ein abwechslungsreich gestalteter kleiner Film informiert über die Stadt und ihr Schloss, das 1872 nach einem Großbrand mit der Auflage abgerissen wurde, den Turm zu erhalten. Die „Laterne" kann man übrigens abends mieten für Veranstaltungen. Schlossherr auf Zeit, auch wenn es nur im Turm ist.

Schlossturm, Burgplatz 30, 40213 Düsseldorf, www.freunde-schifffahrtmuseum.de
ÖPNV: U70, U71, U72, U73, U74, U75, U76, U77, U78, U79, U83
Haltestelle Heinrich-Heine-Allee

Geschichten an Fäden

80 *Das Düsseldorfer Marionetten-Theater*

Wenn sich in dem überschaubaren, schmucken Theaterraum im Palais Wittgenstein der Vorhang öffnet, beginnt die Entführung in Fantasiewelten. Hölzerne Puppen erwachen zum Leben, agieren untermalt von Musik und umrahmt von ausgeklügelten Bühnenbildern auf ihrem Spielfeld und lassen vergessen, dass sie das ja nicht von alleine tun. Manchmal erinnern leise klappernde Geräusche beim Umbau an die fünf Puppenspieler, die sich im Verborgenen halten. Mit ausgefeilter Technik und fahrbaren Brücken ist das Düsseldorfer Marionetten-Theater weit entfernt von schlichtem Puppenspiel vor dem schwarzen Vorhang. Die Beleuchtungstechnik ergänzt das Spiel, extra komponierte Musik und professionelle Schauspielerstimmen, eingespielt im Tonstudio, fügen sich zu einem kleinen Kosmos der Geschichten.

Das Besondere: Es ist ein Puppentheater für Erwachsene. Und das mit nunmehr 60 Jahren Tradition. Es begann mit „Dr. Faust". Klassiker des Schauspiels und des Musiktheaters wie „Ein Sommernachtstraum" und „Die Zauberflöte" fanden den Weg auf die Puppenbühne. Aber auch vermeintliche Kinderliteratur wurde zum Publikumsliebling bei Alt und Jung wie die Bücher von Michael Ende, der dem Theater und seinem langjährigen Leiter Anton Bachleitner eng verbunden war. Dieser prägt die Geschichte des Theaters seit mehr als 30 Jahren. Er entwirft für jede Inszenierung neue Figuren, schnitzt Köpfe und Hände aus Lindenholz, markant und ausdrucksstark. Rund zehn Monate Arbeit im Vorlauf stecken hinter einer neuen Inszenierung. 22 Stücke sind derzeit im Repertoire. Im Keller warten wohlsortiert 500 Puppen auf ihren Auftritt. Mit dabei Fuchur, der chinesische Glücksdrache aus der „Unendlichen Geschichte". Ein Stück, das ebenso wie „Momo" und „Jim Knopf" immer wieder gespielt wird. Wenn Fuchur durchs Bühnenbild schwebt, wird das Glück greifbar. Sein Rat an Bastian, der diverse Herausforderungen zu meistern hat und immer wieder fragt, wie dies zu schaffen sei: „Mit Glück!" Warum nicht? Vielleicht klappt das ja nicht nur in Fantasiewelten.

Marionetten-Theater, Bilker Straße 7, 40213 Düsseldorf, Tel. (02 11) 32 84 32
www.marionettentheater-duesseldorf.de
ÖPNV: U71, U72, U73, U83 Haltestelle Benrather Straße

Bibliografische Informationen der Deutschen Nationalbibliothek
Die Deutsche Nationalbibliothek verzeichnet diese Publikation in der Deutschen Nationalbibliografie; detaillierte bibliografische Daten sind im Internet über http://dnb.d-nb.de abrufbar.

Konzeption/Satz: Droste Verlag, Düsseldorf
Einbandgestaltung und Illustrationen: Britta Rungwerth, Düsseldorf, unter Verwendung von Bildern von © Fotolia.com: jd – photodesign.de; © iStock: Plociennik Robert
Fotos: Annette Kanis, außer:
S. 15: The golden Rabbit e. K.; S. 25: Hotel Nikko Düsseldorf; S. 33: Tomás Saraceno, *In Orbit*, 2013, Installation view, Kunstsammlung Nordrhein-Westfalen, K21 Ständehaus, Düsseldorf. Curated by Marion Ackermann and Susanne Meyer-Büser. Courtesy the artist; Tanya Bonakdar Gallery, New York; Andersen's Contemporary, Copenhagen; Pinksummer contemporary art, Genoa; Esther Schipper, Berlin. Photography by Tomás Saraceno, 2013; S. 77: Michael Lübke, Düsseldorf; S. 83: Derag Livinghotel De Medici GmbH; S. 93: tanzhaus nrw, Katja Illner; S. 107: TOMÁS SARACENO, 80SW iridescent/Flying Garden/Airport City, 2011, Courtesy the artist and Sammlung Philara, Photo: Susanne Diesner; S. 115: UERIGE Obergärige Hausbrauerei GmbH; S. 129: vabali spa; S. 145: Maxhaus – katholisches Stadthaus in Düsseldorf; S. 149: Brenngold Gruppe; S. 165: Michael Rennertz, Meerbusch; S. 167: Düsseldorfer Marionetten-Theater

Druck und Bindung: Werbedruck GmbH Horst Schreckhase, Spangenberg
ISBN 978-3-7700-2012-6

www.drosteverlag.de